노자와 묵자,
자유를 찾고 평화를 넓히다

말을 잘하고 싶지만
뜻대로 되지 않습니다
나의 말로 인해 상처받은
모든 분들에게 안식을 기원합니다

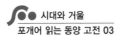

시대와 거울
포개어 읽는 동양 고전 03

노자와 묵자,
자유를 찾고
평화를 넓히다

무유無有의 세계를 대표하는 두 거장의 이야기

신정근 지음

사람의무늬

일러두기

1. 책과 저널 등의 제목은 『』로 묶고, 단편의 글(논문)이나 그림, 영화, 시, 노래 등의 제목은 「」로 묶어 표기한다.

2. 인용된 『노자』와 『묵자』의 원문은 모두 필자가 직접 번역했다. 번역은 맥락에 따라 어감과 표현이 다르다. 전체 맥락을 살피려면 『노자』 번역서로는 오강남 옮김, 『도덕경』(현암사, 1995); 최진석 옮김, 『노자의 목소리로 듣는 도덕경』(소나무, 2001); 최재목 옮김, 『노자』(을유문화사, 2006)를 보고, 『묵자』 번역서로는 박재범 옮김, 『묵자』(홍익출판사, 1999); 김학주 옮김, 『묵자』 상 하(명문당, 2003); 염정삼 주해, 『묵경』 1~2(한길사, 2012)를 보라.

3. 노자와 묵자 관련 사진은 대부분이 필자가 2014년 2월, 6월, 8월, 2015년 9월에 중국의 산둥 성, 안후이성, 장쑤성, 허난성을 답사하면서 직접 찍은 자료이다. 국내에 널리 알려진 사진도 있지만 처음으로 공개되는 사진도 다수 있다. 노자의 고향으로는 허난성 루이鹿邑현 타이칭 궁太淸宮과 안후이성 궈양渦陽이 그 권리를 주장하고 있고, 묵자의 고향으로는 산둥성 텅저 우滕州시와 허난성 루산魯山현이 그 권리를 주장하고 있다.

4. 책의 구성과 편제는 같은 시리즈의 제1권 『공자와 손자, 역사를 만들고 시대에 답하다』에 의 거한다.

5. 개념어와 이름의 경우 두음 법칙을 따르지 않았다.

6. 부제에는 노자의 무無, 묵자의 유有 사상을 대비하여 나타내고자 입에 익은 '유무'와 달리 '무유'로 표기한다.

노자 하면 지금까지 공자와 대비되어 이야기되거나 장자와 짝을 이루어 다뤄졌다. 그 결과 공자와 노자는 이름을 바르게 운용하자는 정명正名과 존재를 이름으로 한정하지 말자는 무명無名의 대립처럼 각기 서로 다른 지향을 갖는 사상가로 간주되었다. 노자와 장자는 나란히 노장老莊으로 불리듯이 도가道家라는 학파를 창시한 인물로 간주되었다.

하지만 이 책은 이러한 상투적인 관성을 따르지 않고 노자와 묵자를 결합시키는 새로운 시도를 했다. 아마 노자와 묵자의 결합은 '공자와 노자' 또는 '노자와 공자', '노장' 그리고 '공자와 묵자',

'묵적墨翟과 양주楊朱'의 조합에 익숙한 사람에게 상당한 충격이나 이질적인 관계 설정으로 간주될 수 있다. 충격으로 인해 불신의 마음을 키울 수 있다.

충격의 가능성을 잠시 접어두고 이 책의 이야기에 귀를 기울이면, 새로운 조합이 꽤나 설득력 있고 흥미로운 짝짓기라는 점을 발견할 것이다. 먼저 노자의 이야기에서 논의의 실마리를 풀어보고자 한다. 노자는 제1장에서부터 자신이 무無의 세계를 발견한 기쁨을 노래하고 있다. 이전까지 일반인만이 아니라 사상가들도 눈에 보여서 감각으로 확인할 수 있는 세계를 전부로 알고, 그것을 더 많이 소유하려고 욕망했다. 노자는 눈에 보이는 세계가 전부가 아니라 눈에 보이지 않는 세계가 있다는 점을 제기했다.

이때 "말할 수 있는 도는 늘 그런 도가 아니다"라는 첫 문장의 "도가도道可道, 비상도非常道"는 노자가 자신이 발견한 세계를 알리는 '독립선언문'이라고 할 수 있다. 그는 우리의 삶이 얼마나 깊숙이 무의 세계에 기대고 있는가를 설득하기 위해 방과 그릇을 살펴보라고 말한다. 우리는 그릇에다 물을 담아 마시고 밥을 담아 먹는다. 만약 그릇이 빈틈이 없이 가득 차 있다고 생각해보라. 우리는 그릇을 그릇으로 쓸 수가 없으므로 입으로 흐르는 물을 마셔야 한다. 이처럼 그릇과 방은 빈 곳을 채우려고 하지 않고 그대로 내버

노자상

허난성 루이현 노자문화광장에 있는 거대한 노자상. 노자가 거대한 크기에 갇혀 자유롭지 못한 느낌을 준다. 거대한 크기는 위대함의 상징이겠지만 거부감을 주기도 한다.

묵자 동상

산둥성 텅저우시 묵자기념관에 있는 묵자 동상. 묵자는 자신의 목표를 실천하기 위해 배낭을 짊어지고 지팡이를 짚으며 어디론가 가고 있다.

려두기 때문에 존재가 가능해지고 또 그 기능을 다할 수 있다. 노자는 이런 관찰과 직관을 통해 유有의 세계가 오히려 무의 세계에 의존해 있다는 점을 설파하려고 했다.

오늘날 청년들이 겪는 괴로움을 '삼포세대'로 말하다가 그것도 모자라 요즘은 '오포세대'니 '칠포세대'라고 말한다. 즉 경제 사정이 어려워지고 취업이 점점 힘들어지자 연애·결혼·출산을 포기할 뿐만 아니라 인간관계·집·꿈·희망 등도 포기할 수밖에 없다는 것이다. 그만큼 우리의 삶이 취약한 바탕 위에 서 있으며 개개인의 삶이 팍팍하다는 것을 나타낸다. 세상은 '도전'을 권유하지만 청년들은 '포기'를 말하지 않을 수가 없는 것이다.

따지고 보면 삼포세대라는 말은 2000여 년 전의 묵자가 이미 썼다고 할 수 있다. 그는 세상 사람들이 기본적으로 누려야 할 것을 누리지 못하는 심각한 고통을 '삼환三患'으로 표현했다.(「비악非樂」상) 구체적으로 말하면 그는 굶주린 자가 먹지 못하는 "기자부득식飢者不得食", 헐벗은 자가 입지 못하는 "한자부득의寒者不得衣", 힘든 자가 쉬지 못하는 "노자부득식勞者不得息" 등 세 가지를 아파했다. 깊이 아파했던 만큼 말에 그치지 않고 행동으로 나설 수밖에 없었다. 이런 점에서 묵자는 '칼(총)을 든 철학자'라고 할 수 있다. 오늘날 말로 하면 묵자 시대는 몇몇 사람을 제외하고 거의 대부분 음식, 의복, 휴식 등을 포기한 삼포세대였다고 할 수 있다. 살아가는 데 가장 기본적인 것을 포기해야 하니, 그 절박감이 참으로 깊었으리라.

묵자는 이러한 삼환의 문제를 해결하기 위해 무엇을 하고 무엇을 하지 말아야 하는지 판정하기 위해 '삼표三表'를 제시했다.(「비명非命」상) 무슨 말이든 실행되려면 반드시 성왕의 사적에 근본을 두는 '본本', 백성들의 직접 경험에 근거한 '원原', 국가와 백성들의 이익에 일치하는 데에 효용성을 두는 '용用'을 갖추어야 한다고 보았다.

삼표가 존중되면 현실에서 삼환으로 고통을 겪는 일이 줄어들어 숨 막히는 삶의 여건이 해결될 수 있다. 이를 위해 묵자는 추상적인 가치와 이념보다는 구체적인 현실의 문제를 우선적으로 풀어야 한다고 보았다. 그는 유의 세계를 결코 벗어나지 않은 것이다. 즉 그는 유의 세계에 만연한 삼포세대를 구원하기 위해 눈에 보이지 않는 무의 세계에 의존하여 희망을 말하지 않았다.

이렇게 보면 노자와 묵자는 제자백가 중에서 무와 유의 세계를 가장 잘 대변하는 사상가라고 할 수 있다. 노자는 유에서 무의 세계로 관심을 돌려서 세상에 자유를 넓히고자 했다. 유의 세계에서 '더 많은 소유'를 향한 투쟁은 현재의 삶을 불안하게 만들고 미래

사전	사전	사전
사전	공전	사전
사전	사전	사전

갑골문의 '정井' 자와 정전제의 공사전

정전제는 토지 국유제에 바탕을 두고서 세금을 현물이 아니라 노동 지대로 내는 방식이다. 현물 부담이 없고 모두 토지를 경작할 수 있다는 점에서 이상적인 제도로 여겨졌다. 하지만 원칙적으로 국유제임에도 불구하고, 사유화 현상의 심화는 정전제의 실시를 불가능하게 만들었다.

의 삶마저 암울하게 만들었다. 노자는 소유와 투쟁으로 이끄는 유의 세계를 넘어서려고 했다. 무의 세계에서 '유'들의 차이는 권력이 되지 않고 다양한 속성으로 나뉠 뿐이다. 즉 무의 세계에서 유들은 어느 하나 특별한 것이 없이 모두가 보통이 되고, 그 보통이 각자 스스로 살아갈 수 있는 자유를 갖게 된다. 이런 점에서 노자의 은거설은 무척 흥미롭다. 자신을 감춘 것은 자신을 다른 사람과 차이가 나지 않는 존재로 돌아가려는 운동이라고 할 수 있다. 노자는 '붓을 집어던진 철학자'라고 할 수 있다.

묵자는 추상적인 가치가 방향을 제시해주고 오도된 방향을 바

직하학궁유지 표지석

춘추전국시대 제나라 수도에 해당되는 오늘날 쯔보淄博시 린쯔臨淄구에 있다. 직하학궁은 제자백가들이 모여서 서로의 사상을 흡수하기도 하고 서로 경쟁하기도 했던 사상의 용광로였다. 나는 2015년 10월 24일에 처음으로 직하학궁 터를 찾으며 제자백가와 함께했던 20여 년의 여정을 일단락 맺는다는 느낌을 받았다.

로잡아줄 수 있지만 그 자체가 의식주의 문제를 풀 수 없다고 보았다. 맹자도 모두에게 삶의 기반을 제공하기 위해 정전井田을 제안했지만, 그것을 실천할 주체가 형성되지 않았을 뿐만 아니라 지금 당장 따뜻한 밥이 사람의 입에 들어가게 하지 못했다. 묵자는 현실을 관망하는 것이 아니라 직접 현실에 뛰어들어 밥을 짓지 못하게 하고 밥숟가락을 빼앗는 현실의 폭력에 대항하고자 했다. 따라서 그는 투쟁을 피해야 할 금기가 아니라 맞서서 이겨야 할 장으로 보았다. 묵자는 중국철학사에서 최초로 투쟁사관을 피력한 인물이다. 근대에는 마오쩌둥이 유물사관에 근거하여 투쟁을 역사 발전의 동력으로 간주했다. 묵자는 투쟁에 이겨서 평화로운 삶의 기반을 튼튼하게 만들려고 했다. 따라서 그가 관심을 가지고 노력하는 곳은 어디까지나 유의 세계를 벗어나지 않았다.

노자와 묵자에게 무와 유는 각각 자유와 평화로 나아가는 디딤돌이었다. 서로 방향은 다르지만 현실의 문제를 풀기 위해 치열하게 고민한 결과이다. 그 고민을 읽다 보면 자연스럽게 우리의 오늘을 만나게 된다. 우리도 맥락과 원인은 다르지만 여전히 소유를 통한 투쟁과 무의미한 가치에 의한 착각에서 벗어나지 못하고 있기 때문이다. 노자와 묵자를 만나면 고민을 풀 조그만 해법을 찾을 수 있을 것이다.

이제 왜 이 책에서 제자백가 중 노자와 묵자를 묶어서 살펴보는지 설명을 한 셈이다. 무와 유에 초점을 맞추면 노자와 묵자만큼 뚜렷하게 나뉘는 사상가가 없기 때문이다.

이 책은 내가 제자백가를 한 명이 아니라 두세 명씩 교차해서 읽는 독법의 세 번째 결실이다. 첫 번째는 '문무文武의 세계를 대표하는 두 거장의 이야기'로『공자와 손자, 역사를 만들고 시대에 답하다』(2014)이고, 두 번째는 '성정性情의 세계를 대표하는 두 거장의 이야기'로『맹자와 장자, 희망을 세우고 변신을 꿈꾸다』(2014)이다. 이 책은 맹자와 장자를 출간하면서 약속했던 대로 노자와 묵자를 무유無有의 관점에서 대결시키고자 한다. 세 번째를 낼 즈음이 되니 '그다음을 어떻게 하지!'라는 생각이 뒤따라온다. 아무래도 나와 제자백가는 쉽게 끊을 수 없는 단단한 인연의 실로 묶여 있나 보다. 시리즈 두 번째 책에서 약속한 대로 시간과 기회가 주어진다면, 네 번째 책을 향해 준비와 구상에 시동을 걸어야겠다.

망중한忙中閑이 아니라 한중한閑中閑을 바라며

여여如如 신정근 씁니다

목차

노자, 자유를 찾다

묵자, 평화를 넓히다

무유의 세계를 대표하는 두 거장의 이야기

　제자백가諸子百家는 춘추전국시대에 활약한 다수의 사상가들을 가리킨다. 그들 한 사람 한 사람은 모두 자신들의 특징을 가지고 있다. 따라서 한 사람씩 집중적으로 조명해도 그 나름의 의의가 있지만, 상반되는 두 사람을 묶어서 살펴보면 서로 대비되는 지점을 통해 두 사람의 세계가 어떤 지점에서 어떻게 갈라지고 어떤 지점에서 상통할 수밖에 없는지를 살펴볼 수 있다. 대조가 제대로 이루어진다면, 둘을 따로 살필 때 알 수 없는 특성을 쏠쏠히 엿볼 수 있다. 비교의 매력이자 즐거움이라고 할 수 있다.

　　노자老子와 묵자墨子 두 사람 모두 중국 철학사를 밝게 밝히는 별들 중의 한 명이다. 둘은 따로따로 주목을 받을 만하지만 묶어서

같이 주목을 받을 필요가 있다. 앞으로 점점 더 분명해지겠지만 노자와 묵자는 각각 유와 무의 세계를 대표하는 지성인이기 때문이다. 이제 두 사람의 세계로 한 발 한 발씩 들어가 보자.

◇ 가장 기본이 되는 말, '있다'와 '없다'

세상에는 수많은 말이 있다. 어린아이가 처음으로 배우는 '엄마'와 '아빠'에서부터 역사적 위인들이 목숨을 걸고 지키고자 했던 '정의'와 '자유' 등에 이르기까지 이루 헤아릴 수 없을 만큼 많다. 말이 많다는 사실이 실감 나지 않으면, 각종 사전辭典을 펼쳐보라. ㄱ 항목에서 ㅎ 항목에 이르기까지 많은 단어들이 차례대로 배열되어 있다. 이 중에는 근대에 등장한 새로운 낱말도 있지만 몇천 년 전에 생겨나서 아직도 쓰이는 말도 있다. 예컨대 '인권human right'과 '평등equality'은 100여 년 전에 비로소 우리에게 알려진 말이고, '도道'와 '인仁'은 무려 이삼천 년 전부터 모습을 보인 낱말이다. 오래전에 태어나서 아직까지도 쓰이는 말을 보면 우리는 그 끈질긴 생명력에 놀라지 않을 수 없다.

이렇게 수많은 말을 가장 기본이 되는 말로 바꿀 수 있다. 거꾸로 말하면 모든 말은 기본이 되는 말로부터 파생되었다고 할 수 있다. 수천 수만 단어를 둘로 환원(번역)하면 '있다'와 '없다'로 된다. 키가 크다는 것은 큰 것이 있다는 뜻이고, 음식이 맛있다는 것은 맛있는 것이 있다는 뜻이다. 추상적인 자유와 평등도 그러한 가치가 의미를 가지고 있다고 생각하기에 사람들이 중요하게 여기고 훼손당하면 지키려고 한다.

만약 있지도 않은 가치를 두고 지켜야 한다고 말한다면 우리는 그 주장을 받아들일 수 없다. 예컨대 노예제가 합법적인 제도로 받아들여지던 시절에, 노예는 자유로운 매매의 대상이 되기도 하고 주인이 임의로 처벌할 수도 있는 등 사람 취급을 받지 못했다. 이때 "노예도 인권의 존중을 받아야 한다"고 말한다면, 그 시대의 사람들은 그 주장을 알아듣지도 못할 뿐만 아니라 수긍할 수도 없다. 그 주장은 노예가 인간이 아닌데 인간의 권리를 부여해야 한다고 말하는 셈이기 때문이다. 없는 것을 있다고 말하니 말이 되지 않는 것이다.

물론 지금은 노예제가 부정되고 있을 뿐만 아니라 자연적·사회적 요인에 의해 사람을 차별하는 것 자체가 정당화되지 않는다. 오늘날은 모든 사람이 인권을 가지고 있다는 사실 자체를 의심하는 사람이 없기 때문이다. 모든 사람에게 인권이 있는데, 오히려 없다고 하면 그 사람이 이상한 사람 취급을 받게 되는 것이다.

그럼에도 불구하고 현실에는 2014년 신의도에서 발각된 '염전노예'와 2015년 세간을 떠들썩하게 했던 '인분 교수'처럼 사람이 부당하게 다른 사람을 착취하고 억압하는 일이 심상치 않게 일어난다. 이념과 가치는 현실에서 저절로 존중되지 않는다. 이념과 가치

프랑스 인권선언문(1789)
"제1조 인간은 권리에 있어 자유로우며 평등하게 태어나며 생존한다. 사회적 차별은 오직 일반적인 선에 기초하여 마련된다." 신분제에 바탕을 둔 구질서의 몰락을 선언했다.

영화 「노예 12년」(2013) 포스터
영화는 1840년대를 배경으로 하지만 노예는 아직도 사회 제도로 작용하고 있다. 제도가 마련된다고 그 권리가 자동적으로 보장되지는 않는다.

'인분 교수'의 현대판 노예 사건

현대인은 자유와 평등의 가치를 시인하지만, '권력'을 바탕으로 통제되지 않은 폭력을 행사할 수 있다.

를 지키고자 하는 사람들이 많을 때 시대를 거꾸로 돌리려는 시도가 맥을 추지 못하게 된다.

이렇게 보면 인류의 역사는 무엇이 있는 것이고 없는 것이냐를 두고 구별 짓기를 해온 과정이라고 할 수 있다. 예컨대 한국에 있는 것이 다른 나라에 없다면, 한국에 있는 것이 한국을 다른 나라와 구별 짓는 특징이 되는 것이다. 반대로 미국에 있는 것이 한국에 없다면, 미국에 있는 것이 미국을 한국과 다르게 만드는 것이다.

있다와 없다라는 말은 자연과 사회에 적용될 때 의미의 폭이 다르다. 자연에 있다와 없다는 것은 특정한 시간에 특정한 공간을

용문사 은행나무

1100년의 수령만큼이나 온갖 이야기와 의미를 지니고 있어서 사람들의 사랑을 받고 있다. 겨울에는 은행나무가 앙상해 보이지만 가을에는 웅장하고 화려한 몸맵시를 자랑한다.

차지하고 있다거나 없다는 말이다. 예컨대 공룡은 백악기 이전에 있다가 그 이후에 없어졌다. 용문사의 은행나무는 신라시대에도 있고 지금도 살아 있고 앞으로도 당분간 살아 있을 것이다.

사회에 있다와 없다는 자연에서 갖는 뜻을 나타내면서도 동시에 의미(중요성)를 갖는다는 뜻을 나타낸다. 물은 지구가 탄생할 때부터 있고 지금도 있다. 이전에 물은 그냥 있는 것으로 여겨졌지만 산업화 이후 환경오염의 문제가 심각해지면서 생명의 자원으로 귀중하게 여겨지고 있다. 길가에 구르는 돌은 예전부터 그 자리에 있었지만 지금 누구도 그 돌을 눈여겨보지 않는다. 용문사의 은행나

무는 오랜 풍상을 버텨내고 있기 때문에 사람들은 소중히 여기는 것이다. 따라서 사회에서는 물리적으로 있으면서 의미를 갖는 것도 있지만 물리적으로 있지만 아무런 의미를 갖지 못하는 것도 있다. 자연과 달리 인간 사회의 역사는 있는 것 중에 무엇을 의미 있는 것으로 생각해온 과정이라고 할 수 있다.

그렇다면 환상(예술)과 픽션(문학), 허위와 거짓은 어떻게 이해해야 할까? 환상과 픽션은 모두 실제 세계에 없는 것이다. 현실에 없지만 있는 듯한 착각을 불러일으키고, 사람은 그 착각으로 인해 쾌감을 느낀다. 우리는 흥미로운 코미디 프로그램을 보며 박장대소를 하고, 공포 영화를 보며 깜짝 놀라 가슴을 쓸어내리고, 참담한 비극을 보며 인간의 한계를 경험한다. 없는 것이 있는 것과 다른 방식으로 사람에게 쾌감을 가져다주기에 예술과 문학을 즐기는 것이다.

허위와 거짓은 영리하고 교활한 사람이 다른 사람에게 없는 것을 있는 것처럼 착각하게 만들고, 그들은 그 착각으로 인해 커다란 이익을 보는 것이다. 당하는 사람은 사기꾼의 달콤한 말에 현혹해서 가능하지도 있지도 않은 것이 생기리라고 속은 것이다.

정치인이 있지도 않은 미래의 보랏빛 전망을 내세워서 유권자들을 현혹한다면, 그이도 사기 행각을 벌이는 거짓말쟁이와 별반 다를 바가 없다. 구소련 후르시초프 서기장은 정치인의 말에 대해 기이한 주장을 펼쳤다. "정치가는 강이 없어도 다리를 놓아야 한다고 말해야 한다. 다리를 놓고 아무런 소용이 없다고 사람들이 불만

후르시초프 서기장
스탈린 노선을 부정하고 서방과 공존
을 모색했던 냉전시대의 소련 정치
지도자이다.

을 터뜨리면, 세금을 걷어서 강을 만들자고 하면 된다." 그의 말을
보면 있다와 없다는 말은 객관적인 사실이거나 순수한 주장으로만
쓰이지 않고 목적에 따라 얼마든지 조작이 가능한 선전의 도구일
뿐이다.

오늘날에도 나라를 불문하고 후르시초프와 같은 정치인이 당
선되는 경우가 있다. 각종 '개발'을 앞세우는 우리나라의 정치인도
비슷한 부류라고 할 수 있다.

있다와 없다는 말은 선용할 때 사실과 의미를 판정하는 중요한
기준이기도 하지만, 악용할 때 온갖 고문과 조작으로 사람들을 헷
갈리게 만드는 도구가 되기도 한다. 이렇게 보면 우리는 있다와 없
다는 말로 자신이 제대로 살고 있는지 살펴보는 틀을 삼을 수 있다.

◇ "나를 따르라!"와 좀 벌레

철학은 탐구 대상에 따라 존재론(형이상학), 윤리학, 미학 등으로 구분한다. 미학은 아름다움이 사람에게 쾌감을 주는 특성을 밝힌다. 윤리학은 사람이 구체적인 현실에서 선을 실천하는 과정을 밝힌다. 존재론은 다른 두 가지에 비해 무얼 탐구하는지 뚜렷하게 다가오지 않는다. 존재存在라는 말이 아름다움과 선함에 비해 분명하지 않기 때문이다. 이 '존재'가 바로 우리가 앞에서 이야기해온 있다 또는 있음에 대한 이야기이다.

강에서 물수제비 놀이를 할 때 돌이 수면을 스치며 원을 만들지만 그 원은 얼마 지나지 않아 사라진다. 있다가 금방 없어지는 것이다. 역사를 읽다 보면 다양한 위인을 만나는데, 이순신은 물리적으로 죽었지만 아직도 그의 충절을 높이 사고 있다. 이렇게 보면 있다는 것도 생겨났다 금방 없어지는 것도 있고, 한번 생겨나면 오랫동안 지속하는 것도 있다. 존재론, 즉 있음에 대한 논의는 사람이 진정으로 있다고 생각하는 것과 참다운 가치를 가지고 있는 것을 밝히는 학문이라고 할 수 있다.

노자와 묵자는 오늘날 철학에서 말하는 존재론을 몰랐지만 나름대로 참으로 있는 것이 무엇인지를 탐구했다. 노자와 묵자의 시대에 정치 지도자들은 약육강식의 상황에서 망하지 않고 살아남아야 하는 부국강병富國強兵의 지상 과제를 풀어내려고 노력했다. 지금 당장은 떵떵거리는 왕이더라도 전쟁에 패하면 하루아침에 죽은 목숨이 될 수밖에 없기 때문이다.

그래서 정치 지도자들은 하나같이 "나를 따르라!"며 국민을 동원하여 승리의 세계로 몰고 가려고 했다. 이렇게 방향이 정해지고 난 뒤에 그것에 반대를 하거나 적극적으로 호응하지 않으면, 그 사람은 단순히 생각이 다른 사람이 아니라 내 안의 적과 같은 존재가 되었다. 예컨대 전국시대 한비韓非

한비

사람을 움직이는 현실의 요소를 중시하여 이상주의를 비판했다.

는 그러한 사람을 나무나 책을 파먹는 좀 벌레처럼 제거해야 할 대상으로 취급했다.

한비는 국정에 해를 끼치는 다섯 종류의 벌레, 즉 오두五蠹를 실례로 거론했다. 오두는 쓸모없는 인의仁義 도덕을 실현하자고 외치는 유가, 이곳저곳을 돌아다니며 지식과 기술을 팔아먹는 전쟁 기술자, 개인의 무력으로 공권력을 비웃는 협객俠客, 권세를 이용하여 병역과 조세의 의무를 회피하는 권력자, 사치품을 팔아서 농민의 잉여 생산물을 축내는 상공업자 등을 가리킨다.[1]

한비에게 오두는 있을 수 없는 또는 있어서도 안 되는 또는 있

---

1) 이운구 옮김, 『한비자 2』(한길사, 2002) 참조. 여기서 한비에게 인문의 가치를 부정하는 특성이 드러나고 있다. 이 점은 논지가 아니므로 더 이상 자세하게 다루지 않는다.

을 이유가 없는 것으로, 존재 이유가 없었다. 오두는 현실에 뻔히 있지만 그 존재 가치를 허용받지 못하는 인물을 가리키는 것이다. 오늘날이라면 한비는 오두를 잡아도 잡아도 사라지지 않고 집 안을 구석구석 돌아다니는 귀찮은 '바퀴벌레'에다 비유할 것이다. 한비는 어떻게 하면 '오두'를 없앨 수 있을까 고민했다.

◆ 노자, '유有'를 넘어 '무無'로

"나를 따르라!"라는 구호의 소리가 더 높아질수록 국민들의 고통은 더 늘어났다. 전쟁에서 이기려면 많은 전쟁 물자를 비축해야 한다. 흉년이 들어 이재민이 발생하더라도 전쟁 물자를 먹을 수 없다며 '절약'이 권장되고, 사람이 길거리에서 쓰러지더라도 전장을 누빌 말은 훈련장에서 토실토실 살이 찌고 있다. 맹자는 일찍이 이러한 상황을 두고 "짐승을 몰아서 사람을 잡아먹고, 사람이 앞으로 서로 잡아먹을 것이다"라는 끔찍한 진단을 했다.[2]

이제 "살기 위해 무조건 국부國富를 늘리는 것이 과연 바람직한 것인가?"라는 의문이 제기되지 않을 수가 없다. 앞뒤 생각하지 않고 오로지 국가를 위해 팔다리 잘려가며 헌신했더니 겨우 쥐꼬리만 한 보상만 주어지고 끝없이 희생을 요구했기 때문이다. 맹자가 지적한

---

2) 「등문공」하9 率獸食人, 人將相食.

대로 '식인食人'에 바탕을 둔 국부의 증대가 과연 정당한 것일까?

　노자는 식인의 시대를 과감하게 거부했다. 나아가 사람을 식인으로 내모는 기제를 뛰어넘으려고 했다. 이것이 바로 서로 함께 살아가는 상생相生과 서로 함께 이루어주는 상성相成의 논리였다.[3] 노자의 시대는 세계를 피아의 논리로 구분하고 사회를 유불리의 기준으로 조직하고자 했다. 세계를 나를 돕는 편과 나를 해치는 편으로 양분하고, 사회를 나에게 유리한 일과 불리한 일로 구분했다. 이에 따르면 사람은 그 자체로 평가되지 않고 유리有利·불리不利와 피아彼我의 저울에 오르게 되는 것이다. '내'가 아무리 교양이 넘치고 경험이 풍부하다고 하더라도 부국강병에 보탬이 되지 않으면 무능한 인물이 된다. 부국강병에 도움이 되지 않는 능력은 잉여에 지나지 않았다.

　이에 따르면 사람은 다양한 능력을 가졌다고 하더라도 사회가 필요로 하는 오로지 그 능력에 의해서만 측정 가능한 인물이 된다. 세계는 가혹한 이분법의 논리에 따라 "내 편 아니면 네 편"이라는 편 가르기가 성행하게 되었다. 노자는 사람이 특정한 측면에 의해서 재단되지 않고 다양한 측면에 의해 서로 연결되어 있다고 보았다. 여기서 노자는 세상 사람들이 이루려고 하는 것이 과연 정상적인 것인지 의문을 품었다.

---

3) 02장 有無相生, 難易相成.

효도와 충성의 슬로건

도덕이 자발성을 잃고 홍보의 대상이 되면 이데올로기로 바뀌게 된다. 노자는 이데올로기가 된 도덕을 날카롭게 비판했다.

"친척과 가족이 화목하지 않으니 효도니 자애니 하는 소리가 나오고,
국가가 혼란스러워지니 충직한 신하가 필요하다고 말한다."[4]

노자가 살았던 시대는 "자식이 부모에게 효도를 하자", "부모
가 자식에게 자애를 하자", "충직한 신하가 나와야 한다"라는 목소

---

4) 18장 大道廢, 有仁義, 慧智出, 有大僞, 六親不和, 有孝慈, 國家昏亂, 有忠臣.

리가 드높았다. 노자는 이렇게 드높은 목소리를 긍정적으로 바라보지 않았다. 친척과 가족이 서로 화목하다면 효도와 자애의 이야기가 나오지 않고, 국가가 안정되어 있다면 충신의 이야기가 나올 필요가 없기 때문이다. 불화와 혼란의 현상이 심화되자 그 상황을 피하기 위해서 사람들을 효도와 자애 그리고 충신의 방향으로 몰고 가는 것이다.

노자는 해결의 방향을 전혀 다르게 생각했다.

"성인이니 지자(현자)이니 하는 사람을 들먹이지 않으면 국민의 복리가 저절로 백 배로 늘어난다. 사랑이니 도의를 지키자는 이야기를 하지 않으면 국민들이 저절로 효도와 자애로 돌아가게 된다."[5]

당시 정치가들은 성인과 지자(현자)를 끌어들여서 사랑과 도의의 이데올로기를 내세워서 국민을 특정한 방향으로 이끌어가고자 했다. 노자는 그러한 시도가 정반대의 결과를 가져오거나 기대하는 효과를 거둘 수 없으리라고 보았다. 왜냐하면 사람을 특정한 가치로 유도하여 다른 가치를 배제하려고 한다면 사람의 자발성을 해치기 때문이다. 정치가들이 강제적인 방법에 의존하면 의존할수록 바라는 목표로부터 멀어지게 되는 것이다. 이에 노자는 유를 넘

---

5) 19장 絕聖棄智, 民利百倍. 絕仁棄義, 民復孝慈. 絕巧棄利, 盜賊無有.

어 무의 세계로 나아가지 않을 수가 없었다.

이러한 맥락에서 우리는 노자가 말한 유명한 구절의 의미 맥락을 제대로 파악할 수 있다. 세상의 만물은 유에서 생겨나고 그 유는 다시 무에서 생겨난다.[6] 다음에 자세히 살펴보겠지만 노자는 유를 넘어선 무로 관심의 세계를 옮겨가고 있다. 이때 무는 특정한 방향이나 가치로 한정되지 않는 것을 일차적으로 가리킨다고 할 수 있다.

◆ 노자의 한정할 수 없는 무無

이제 우리는 노자가 왜 유를 넘어 무의 세계로 나아가야 했는지를 살펴보도록 하자. 이 물음을 풀어가려면 유와 무만이 아니라 난難과 이易, 장長과 단短, 고高와 하下 등이 상호 의존되어 있다는 『노자』 2장에 주목할 필요가 있다.

학창 시절을 떠올리면 누구나 시험에 대한 기억이 한 가지쯤 있다. 시험을 치고 나면 친구끼리 삼삼오오 모여서 답을 맞춰보기도 하고 시험의 난이도를 물어본다. 시험의 난이도는 사람에 따라 체감이 다르다. 어떤 이는 공부한 데에서 문제가 나왔다며 쉽다고 말하고, 어떤 이는 처음 보는 문제가 많아 어려웠다고 말한다. 물

---

6) 40장 天下萬物生於有, 有生於無.

론 시험을 친 전체 학생의 점수를 이전의 시험과 비교하면 객관적인 난이도를 비교할 수도 있다. 하지만 난이도는 주관적인 차이를 가지고 있기 때문에 어떤 사람에게 어려운 문제가 다른 사람에게는 쉬울 수도 있다.

난이도만이 아니라 몸무게도 상대적인 특성을 갖는다. 어떤 여성은 몸무게가 50kg만 넘어도 뚱뚱하다며 체중을 줄여야 한다고 호들갑을 떨지만, 어떤 여성은 그 정도는 날씬하다며 전혀 신경을 쓰지 않는다.(나라와 문화권마다 체중을 이해하는 방식이 다르다.) 물론 사람의 키에 비해 적정한 체중이 건강에 중요하다고 하지만, 꼭 적정한 체중의 사람이 건강하고 장수한다고 할 수도 없다.

이렇게 보면 우리는 삶에서 상대적 특성과 한정된 의미를 가지고 있는 일들에 대해 과도하게 예민하고 꼭 그렇게 되어야 한다는 강박 관념을 갖는다. 이때 노자는 상대적인 차이를 갖는 어느 한 항목에 갇히지 않고 전체를 보는 시선을 갖도록 요구한다. 몸무게의 경우 50kg은 45kg에 비해 몸무게가 많이 나가지만 60kg에 비해 덜 나간다. 이때 몸무게 얼마를 넘지 말아야 하는가라는 좁은 관심이 아니라 '나의 건강'이라는 전체의 관점에 서서 몸무게에 대한 강박으로부터 벗어나야 한다.

노자는 이러한 탈출을 바탕으로 우리로 하여금, 부분을 포괄하는 전체 세계에 관심을 갖도록 시선 전환을 유도한다. 사람을 피부, 나이, 인종, 학력, 지역 등으로 나누면 같은 점이 하나도 없는

패션업계의 '정상' 선언

패션업계는 거식증으로 고생하는 깡마른 몸매의 모델을 제한하자는 목소리를 높이고 있다.
날씬하고 섹시한 몸매의 선호 풍토는 모델로 하여금 음식의 섭취를 스스로 제한하게 하고
심지어 '거식증'에 이르게 한다.

각기 다른 인물로 구분된다. 반면 피부, 나이 등의 차이를 벗어나
면 사람은 누구도 죽을 수밖에 없고 언어를 사용하여 소통할 수 있
고 합리적으로 판단한다는 공통점을 가지고 있다.

노자는 사람과 세계를 미시적으로 분할하여 관리하는 시대에

대항해서 유기적인 전체로 바라보는 새로운 안목을 제시하고 있다. 이런 측면에서 노자의 무는 아무것도 없다는 절대무나 아무런 의미를 가지고 있지 않다는 허무를 나타내지 않는다.[7] 노자의 무는 특정한 영역, 의미, 차이로만 환원되기도 하고, 부분으로 나누어져 기능할 수 없는 특성을 나타낸다고 할 수 있다.

우리는 이러한 무의 특성을 그리스의 아낙시만드로스가 썼던 아페이론apeiron에 견주어볼 수 있다. apeiron에서 a-는 없다(without)의 뜻이고, peiron은 한계, 경계

라파엘로의 「아테네 학당」에 나오는
아낙시만드로스
탈레스의 제자였지만 세계의 제1실체를
물처럼 구체적인 물질로 보지 않았다.

(limit)의 뜻으로 한정될 수 없는 것, 무한정자를 나타낸다. 노자의 무도 특정한 색깔, 크기, 모양 등에 한정되지 않고 모든 것을 포괄하는 특성을 갖는다. 이런 측면에서 아페이론으로서 무는 근원根源

---

7) 정세근은 노자의 무가 절대무의 특성 이외에 유무상대有無相對의 무, 용用의 무 세 가지 의미 층차를 가지고 있다고 본다. 『제도와 본성 현학이란 무엇인가』(철학과현실사, 2001), 141~146쪽 참조.

의 특성을 갖는다. 근원은 하나의 흐름이 시작되고 모든 것이 생겨나는 출발을 나타낸다. 그 출발 안에 모든 것이 담겨져 있지 않은데, 도중에 새로운 것이 나올 수가 없다. 따라서 무에는 모든 것이 다 담겨 있어서 어떤 것 하나의 이름으로 한정할 수 없다.

무가 특정한 것으로 한정되지 않으며 근원의 의미를 갖는다는 특성을 이해한다면, 노자가 왜 빈번하게 도와 무를 여성 또는 어머니에 견주어 설명을 하는지 그 의미 맥락을 따라갈 수 있다. 이때 어머니는 아버지에 상대되는 하나의 성별로서 여성이 아니라 생명을 낳고 기르는 대지의 무한한 생명성을 상징한다고 할 수 있다.

봄에 산과 들판으로 나가보라. 겨울 산에 올라 죽었다고 생각했던 나무에 새싹이 돋고, 겨울 들판에 나가 아무것도 없다 싶었던 땅에 풀이 자라난다. 대지는 그렇게 무한한 생명력을 실현하고 있으므로 대립되는 관계의 한쪽에 치우치지 않고 전체를 포괄하는 무와 도의 이미지에 딱 들어맞는 것이다.

◆ 묵자, '무無'를 넘어 '유有'로

노자는 사람들에게 특정한 가치만을 수용하고 다른 가치를 부정하도록 하는 시대의 동원을 병적 현상으로 보았다. 이를 해결하기 위해 노자는 한갓 상대적인 차이밖에 지니지 않은 유들의 경쟁과 대립에서 벗어나고자 했다. 그것이 무의 세계를 찾아내게 된 맥락이다.

묵자는 유를 넘어 무로 나아가는 것이 또 다른 위험성을 가져올 수 있다고 보았다. 세계를 특정한 틀로 규정하지 말자는 노자의 제안은 무엇이 옳고 그른지에 대한 규범적인 판단을 내릴 수 없게 만든다. 판단과 그 기준이 상대적인 가치만을 갖는다면 무엇이 옳다고 말할 수도 없고 무엇이 그르다고 말할 수 없기 때문이다.

순자
묵자만큼이나 근거를 제시하는 논리적 사고의 중요성을 강조했다.

이러한 맥락에서 제자백가 중에 논리적 사고를 강조하는 사람이라면 누구나 판단의 명확한 기준을 수립하지 않으면 '가치의 혼돈' 상황을 피할 수 없다고 보았다. 순자는 어떤 이론을 펼치려면 근거를 가져야 하고, 이야기를 하려면 앞뒤 이치가 맞아야 한다고 주장했다.[8] 근거 없는 이론과 이치에 닿지 않은 말은 세상을 끊임없는 혼란으로 몰아갈 수 있다. 묵자도 순자와 문제의식을 공유하기 때문에 역사적 근거, 경험적 사실, 효용성이라는 세 가지 기준, 즉 삼표三表를 내세웠다.(「비명」상)

---

8) 「비이십자」其持之有故, 其言之成理, 足以欺惑愚衆.

묵자는 삼표에 입각해서 당시의 가치 혼란에 직접 뛰어들었다. 묵자는 여러 가지 주장을 펼쳤는데, 그중에 신과 운명의 존재를 둘러싼 논쟁을 살펴보자. 묵자는 신의 존재 여부를 둘러싼 논쟁, 즉 귀신유무지별鬼神有無之別을, 신이 존재하지 않는다고 주장하는 집무귀자執無鬼者와 신이 존재한다고 주장하는 집유귀자執有鬼者의 대립으로 규정했다. 묵자는 역사적인 전적에 귀신이 나올 뿐만 아니라 사람들이 이목의 감각으로 귀신을 보고 들었다는 점을 들어 신이 존재한다는 사실을 부정할 수 없다고 주장했다. 이에 따르면 역사적 기록을 부정하거나 사람들의 목격담을 믿을 수 없다고 하지 않는 한 신의 존재는 부정될 수 없는 것이다.

묵자는 왜 신이 없다는 집무귀자들을 강하게 비판했을까? 현실의 군주가 타락하고 폭력을 행사하면 사람들은 겪지 않아야 할 고통을 겪고 그 고통이 언제 해결될지 알 수 없다. 현실의 무능하고 타락한 정권에 대한 도전자가 많으면 많을수록 대립과 갈등은 하루아침에 쉽게 해결되지 않는다.

신은 총명하여 모든 사실을 파악할 수 있으므로 누구도 속일 수 없고 막강하여 모든 것을 이길 수 있으므로 누구도 처벌을 피할 수 없다.[9] 신은 사람이 바로잡지 못하는 타락과 부정의를 징벌할 수 있는 전지전능한 존재이다. 따라서 과거에 조상의 묘당에서

---

9) 「명귀」하 鬼神之明, 不可爲幽間廣澤山林深谷, 鬼神之明必知之. 鬼神之罰, 不可爲富貴衆强, 勇力强武.

상을 주고 토지신의 사당에서 벌을 주었는데, 상벌이 공평하고 공정하게 집행된다는 것을 나타내기 때문이다.[10] 이렇게 보면 묵자는 신의 존재를 증명함으로써 현실의 질서를 재생할 수 있는 근원을 마련했다.

묵자는 신의 존재를 밝힌 뒤에 운명이 세계에 작용하는지 논의를 이어갔다. 그는 운명이 있다는 집유명자執有命者와 운명이 없다는 집무명자執無命者의 대결 구조에서 운명의 존재를 부정하고 있다. 운명이 있다고 하면, 현실 정치의 무능력과 부패도 이미 예정되어 있는 일이고, 현실의 불평등하고 개선의 가능성이 없는 일자리도 이미 예정되어 있는 일이다. 따라서 사람이 무엇을 하더라도 지금을 더 나은 방향으로 이끌어갈 수 없다는 결론이 나온다.

묵자는 자신이 제안했던 삼표를 통해 주장의 타당성을 가리려면 반드시 기준이 있어야 한다고 보았다. 이를 바탕으로 운명은 역사적 전례로나 경험적 사실로도 입증되지 않는다는 점을 분명히 밝히고 있다. 역사적으로 살펴보면 은나라와 주나라가 사방 백 리里밖에 되지 않는 작은 규모의 나라에서 대국으로 성장했다. 이러한 성장이야말로 사람이 어떻게 노력하느냐에 따라 자신의 지위를 새롭게 획득할 뿐만 아니라 세계를 안정시킬 수 있다는 것을 보여주고 있다.

묵자 시대는 유무의 주제로 활발한 토론을 벌였다. 묵자는 이

---

10) 「명귀」하 其賞也必于祖, 其僇也必于社. 賞于祖者何也, 告分之均也. 僇于社者何也, 告聽之中也.

논쟁에 문제가 있다고 보았다. 왜냐하면 신의 경우 진정으로 있는 것을 없다고 생각하고, 운명의 경우 없는 것을 있다고 생각하기 때문이다. 즉 유와 무가 제대로 정립되지 않고 뒤섞이고 뒤죽박죽된 채로 사용되고 있었다. 이러한 상황에서 묵자는 노자처럼 섣불리 무의 세계에 의지하여 유의 상대적 가치를 비판하려고 했던 기도를 받아들일 수 없었다. 노자처럼 유와 무의 영역을 엄밀하게 규정하지 않고 쉽사리 무의 세계에 의지하게 되면 오히려 가치의 혼란이 더 가중될 수 있다. 묵자는 확실한 기준을 정립하여 유와 무의 세계를 엄밀하게 규정하고자 했던 것이다.

◆ 묵자의 유有, 변혁과 공정의 기준

묵자는 춘추전국시대의 제자백가 가운데 있다와 없다는 개념에 대해 꽤나 깊이 파고들었던 사상가들 중 한 명이다. 특히 그는 귀신이 있느냐 없느냐 운명이 있느냐 없느냐를 두고 자신의 사상을 정립해야 했기 때문에 더더욱 유와 무에 대해 관심을 기울이지 않을 수가 없었다.

나아가 묵자는 현실 정치가들이 평화와 번영을 욕망하면서도 그 목표에 도달하지 못하는 이유를 찾아내고자 했다. 이를 위해 묵자는 사람들에게 확실한 방향을 제시하고서 그쪽으로 동참하도록 요구했다. 묵자의 시대는 과거 성왕의 시대처럼 절대적 기준이 더 이상 존재하지 않았다. 과거에 성왕이 옳다고 하면 모든 사람들이 그것을 그대로 수용하고 실천하려고 했다. 묵자의 시대는 모든 사람들이 각자 자신의 욕망을 행위의 기준으로 내세우며 공론을 형성하지 못하고 있었다.

묵자는 각자의 주장들이 어지럽게 제기되는 상황을 다음처럼 비유하고 있다.

> "각자 주장을 하면서 기준이 없다면, 돌림판 위에 서서 동서의 방향을 잡으려고 하는 것과 비슷하다. 기준이 없다면 어느 주장이 옳고 그른지 이롭고 해로운지 논변을 벌이더라도 누구도 분명하게 알 수가 없다."[11]

방향은 관찰자의 위치에 따라 달라진다. 시선이 어디로 향하냐에 따라 몸의 좌우와 방향의 동서가 바뀌게 된다. 묵자가 제시하는 사례는 사람이 돌림판 위에 서 있으므로 위치가 고정되지 않는다. 따라서 어디가 동쪽이고 어디가 서쪽인지 규정할 수가 없다. 즉 어떤 것도 무엇이라고 규정할 수 없는 사태가 생겨나게 된다. 어떤 것이 다른 것에 대해 더 나은 가치를 가지지 못하므로 모든 것이 동일한 가치를 갖게 된다.

---

11) 「비명」상 言而毋儀, 譬猶運鈞之上, 而立朝夕者也. 是非利害之辯, 不可得而明知也.

묵자는 돌림판[運鈞]에 선 사람의 비유를 통해 노자의 무한정자가 세계의 대립을 해결하는 것이 아니라 더 큰 혼란을 초래한다는 점을 보여주고 있다. 무가 무한정자로서 모든 가능성을 가지고 있다고 하더라도 사태를 판정하는 명확한 기준을 제시하지 못하기 때문이다.

노자는 세상의 모든 사물과 사태가 무와 동등한 거리를 유지하고 있다는 점을 역설했다. 묵자는 그 동등한 거리의 유지가 모든 것을 주장하게 하지만 아무것도 할 수 없는 지극히 무능한 상태를

맷돌

맷돌은 돌아가기 때문에 고정된 위치를 잡을 수 없다. 위치가 고정되지 않으면 방향을 정하는 기준이 있을 수 없다.

낳는다고 보았다. 그는 초월적 기준을 제시하여 유들의 차이를 없애버리는 것이 아니라 각자의 주장들을 삼표三表에 바탕을 둔 공론의 장으로 끌어들여 어느 것이 합리적인지 논의하고자 했다.

묵자의 유는 현실에서 제기되는 다양한 주장들의 차이를 지우는 것이 아니라 그 차이를 더 크게 한다. 차이를 크게 해야 어느 것이 옳고 그른지, 이롭고 해로운지 식별할 수 있기 때문이다. 이것은 현실에 있는 차이를 상대적인 것으로 만들고 그 차이의 우열을 없애려고 하는 노자와 달라지는 지점이라고 할 수 있다.

이런 점에서 보면 묵자의 유는 다양한 주장을 공정하게 판별하고 현실의 변화를 일구어내는 확실하며 공정한 기준을 나타낸다. 이 기준은 역사적 사례, 감각적 확인, 효용성과 결합되므로 경험 세계에 기원을 두고 있다.

◆ 노자의 자유와 묵자의 평화

노자가 왜 한갓 상대적인 차이를 갖는 유의 세계를 넘어 한정시킬 수 없는 무의 세계를 발견했을까? 묵자는 왜 모든 것이 무로부터 동일한 거리를 갖는 무의 세계에서 감각으로 경험 가능한 유의 세계로 되돌아오려고 했을까?

춘추전국시대에는 개별 국가들이 약육강식의 상황에서 망하지 않고 살아남기 위해 부강한 나라를 세우고자 했다. 사물과 사람은 부국富國과 강국彊國의 수립을 위해 유리하고 불리한가로 분류되었다. 세계는 철저하게 네 편 아니면 내 편이라는 이분법의 틀 안에서 치열한 생존 경쟁을 벌였다.[12] 노자는 특정한 시각으로만 사람과 세계를 바라보고 다른 관점을 인정하지 않는 인식의 폭력이 결국 현실의 폭력으로 이어진다고 보았던 것이다. 여기서 노자는 사람이 각자 자신의 욕망과 의지가 아니라 국가의 강요에 의해 동원되는 폭력성에 주목했다. 개인이 원컨 원치 않건 나라의 생존과 발전을 위해 모든 것을 다해야 하는 병영 사회에 속하게 되었다.

노자는 사람이 권력의 욕망과 그 평가에 길들여져서 희생당하거나 완벽하게 적응하여 괴물 같은 영웅이 되는 현상을 보아왔다. 노자는 사람의 가치를 측정하는 유불리 또는 유용성의 관점이 지극히 자의적이며 너무나도 폭압적이라는 점을 밝히고자 했다. 여기서 노자는 세계의 모든 존재는 권력의 평가에 의해 그 가치가 결정되는 것이 아니라 무한정한 도로부터 동등한 거리에 있다고 주장했다. 이에 따르면 모든 존재는 무엇에 의해 끌려가지 않고 자기 원인에 의해 스스로 움직이는 자유로운 상태에 있다는 것을 말하고자 했다.

"도는 한정할 수 없으므로 제한된 이름을 붙일 수 없다. 통나무처럼

---

12) 이런 문제의식은 전편의 작업 『공자와 손자, 역사를 만들고 시대에 답하다』(2014)와 『맹자와 장자, 희망을 세우고 변신을 꿈꾸다』(2014)에서 자세하게 밝혔다.

비록 작아 보이지만 누구에게 부림을 받지 않는다. 이를 따르는 후왕
이 무한정의 도를 지킬 수 있다면 만물이 모두 서로서로 손님이 되고,
하늘과 땅이 서로 어울려서 단비를 내리고, 사람들은 누구의 명령을
받지 않아도 스스로 조화를 이루게 된다."[13]

사람들은 상대적 가치에 의해 수직적 우열로 배치되지 않는다.
설사 현실에서 차이가 생겨난다고 하더라도 사람들은 스스로 조화
를 맞출 수 있다. 많으면 스스로 줄이고 적으면 스스로 늘리는 자
균自均 작용을 하는 것이다. 노자는 이러한 자균을 "무한정한 도가
스스로 그렇게 흘러간다"는 도법자연道法自然으로 종합하고 있다.
자균과 자연은 오늘날 말로 바꾸면 원인이 타자에 있지 않고 자신
안에 있다는 자유自由의 의미에 가깝다고 할 수 있다.

춘추전국시대에는 개인과 국가 공동체 모두 생존을 위해 전쟁
을 불가피한 것으로 보았다. 통계 자료로 살펴보면 춘추시대(BC
722~464)에는 1년에 약 5개국이 서로 전쟁을 벌였고, 『좌씨전左氏
傳』의 기사(BC 722~468)에는 전쟁이 모두 531회, 즉 연평균 2회 이
상 발생한 것으로 기록되어 있다.[14] 전쟁을 피할 수 없는 것, 나아
가 인간사에서 자연스러운 것으로 받아들이게 되면 "어떻게 하면

---

13) 32장 道常無名, 樸, 雖小, 天下莫能臣也. 侯王若能守之, 萬物將自賓, 天地相合, 以降甘露, 民莫之令
而自均.

14) 신정근, 『사람다움의 발견』(이학사, 2005), 115쪽.

전쟁이 이기느냐?"에 초점을 두게 된다. 사람들이 전쟁의 프레임 자체를 벗어나지 못하기 때문이다.

묵자는 전쟁이 없어져야 한다는 점을 누구보다도 역설했던 사람이다. 전쟁은 결코 자연스러운 것이 아니라 병적인 것이다. 이러한 병적인 전쟁이 도대체 왜 일어나게 되는가 그 원인을 찾고자 했다.[15] 묵자는 전쟁에서 승리하는 길을 찾는 사람에게 이상한 사람으로 여겨질 수 있다. 반면 다른 사람에게 전쟁 승리를 약속하는 사람이야말로 평화를 파괴하는 범법자라고 할 수 있다. 훗날 묵자를 신랄하게 비판했던 맹자조차도 전쟁을 부추기는 사람을 사형에 처해도 용서받지 못할 인류의 범죄자라고 보았다.[16]

묵자는 전쟁의 원인 탐구를 참으로 상식적인 물음에서 시작한다. 내가 나를 공격해서 물건을 빼앗지 않는다. 내가 나의 가족을 침략해서 영토를 빼앗지 않는다. 그렇다면 나는 내가 아닌 타자를 대상으로 싸움을 벌이고 나는 나의 가족과 국가가 아닌 타자를 대상으로 전쟁을 벌이는 것이다. 이제 전쟁의 원인이 드러났다.[17] 내가 나를 기준으로 타자를 구별하고, 나의 가족과 국가를 기준으로 타자로 구별하기 때문에 전쟁이 일어나는 것이다.

---

15) 「겸애」상 必知亂之所自起, 焉能治之. 不知亂之所自起, 則弗能治. 聖人以治天下爲事者也, 不可不察亂之所自起.

16) 「이루」상14 爭地以戰, 殺人盈野, 爭城以戰, 殺人盈城, 此所謂率土地而食人肉, 罪不容於死! 故善戰者服上刑, 連諸侯者次之, 辟草萊任土地者次之.

17) 「겸애」상 當察亂何自起? 起不相愛.

전쟁이 일어나지 않으려면 어떻게 해야 할까? 또는 어떻게 하면 사람들이 전쟁을 일으키지 않을까? 나와 남을 나누는 '가짜 기준'을 없애고 나와 남의 공동 번영을 이룰 수 있는 '진짜 기준'을 세우는 것이다. 있지도 않은 기준을 만들어서 사람 사이의 편을 가르고, 있는 기준을 보지 못하게 하여 사람의 사이를 터놓지 못하게 하는 것이다. 삼표와 같은 제대로 된 기준을 세운다면, 즉 입의立儀를 한다면 세상 사람들에게 이로운 사업을 크게 일으키고 해로운 일을 없애는 "흥리제해興利除害"의 과제를 실현할 수 있다.[18] 흥리제해가 이루어진다면, 이 세상에는 묵자가 그렇게 없애고자 했던 전쟁이 사라지고 그렇게 이루고자 했던 평화가 찾아올 것이다.

이렇게 보면 노자는 불필요한 경계가 사람을 불편하게 하고 나아가 병들게 한다고 생각하여 경계를 넘어서고자 했다. 경계를 넘어서는 사유를 촉진했다고 할 수 있다. 묵자는 있어야 할 경계가 없고 없어야 할 경계가 있어서 경계가 뒤죽박죽된 상황을 해결하고자 했다. 경계를 확실하게 하는 논리적 사유를 발휘했다고 할 수 있다.

◆ 귀무론貴無論과 숭유론崇有論의 전조

사람들은 보통 중국 하면 유교의 나라라고 알고 있지만 실제로

---

18) 「겸애」중 仁人之所以爲事者, 必興天下之利, 除去天下之害. 以此爲事者也, 然則天下之利何也? 天下之害何也?

왕필
『노자』를 무 중심으로 독해한 위진시대
의 사상가이다.

그렇지 않다. 역사적으로 보면 유교는 공자와 맹자가 살아 있던 시절보다 한 제국에 이르러 주목을 받기 시작했다. 하지만 후한 이후에는 유교보다 불교와 도교가 사회적으로 더 성행했다. 사람들은 절제하고 수양하여 자신의 힘만으로 더 높고 깊은 인격을 갖는 유교보다는 부처나 신격화된 노자를 믿어 불행을 피하고 행운을 얻고자 했다.

위진시대에 이르러 세계의 근원을 유에 두느냐 무에 두느냐를 두고 논쟁이 벌어졌다. 하안何晏과 왕필王弼은 무를 근원으로 보는 귀무론貴無論 또는 본무론本無論을 주장한 반면 배위裴頠는 유를 근원으로 보는 숭유론崇有論을 주장했다.[19]

왕필은 「노자지략老子指略」이라는 글에서 『노자』의 사상을 압축적으로 정리하고 있다. 그는 사회의 부패와 타락, 개인의 범죄와 탐욕을 뿌리 뽑으려면 법률과 제도에 의존해서 해결될 수 없다고

---

19) 임채우, 「현학의 사회정치철학적 함의─귀무론을 중심으로」, 『철학연구』 제46집, 1999; 김시천, 「왕필의 현학」, 김학목, 「배위의 숭유론」, 정세근 엮음, 『위진 현학』(예문서원, 2001) 참조; 정세근, 『제도와 본성 현학이란 무엇인가』(철학과현실사, 2001), 138~169쪽 참조.

보았다. 그는 노자의 근본적 접근을 빌어서 "근본을 높이고 말단을 자라지 못하게 하는" 숭본식말崇本息末의 길을 제시했다.[20]

반면 배위는 귀무가 불행하게도 유를 천시하는 천유賤有의 결과를 낳는다고 비판했다.

"드디어 무를 중시하는 논의를 퍼뜨리고 유를 천시하는 주장이 나오게 되었다. 유를 천시하면 반드시 드러난 형체를 도외시하고, 형체를 도외시하면 반드시 제도를 내버리게 되고, 제도를 내버리게 되면 예방을 소홀히 하게 되고, 예방을 소홀히 하면 반드시 예의를 잊어버린다."[21]

배위는 세계를 현상을 초월한 무로부터 연역하여 의미와 질서를 부여하려는 귀무의 위험성을 경고하고 있다. 귀무론은 현상을 본질에로 환원하려고 하지만 정작 본질은 현실의 다양한 관계를 제대로 규제할 수 없다는 것이다. 이것은 본질의 위기일 뿐만 아니라 현실의 존재 가치를 제대로 긍정하지 않는 것이다. 반면 예의는 현실의 다양한 관계와 역할을 규정하고 있다. 우리가 사람을 처음 만났을 때, 친구가 상을 당했을 때 등등 예의는 구체적인 상황에서 어떻게 처신해야 하는지를 친절하고 적절하게 안내하고 있다. 그

---

20) 「노자지략」 閑邪在乎存誠, 不在善察. …… 皆崇本以息末之謂也.

21) 「숭유론」 遂闡貴無之議, 而建賤有之論. 賤有則必外形, 外形則必遺制, 遺濟則必忽防, 忽防則必忘禮.

래서 배위는 현실을 제대로 인도하지 못하는 무능한 본질의 세계보다는 현실과 밀접하게 결합하여 정확하게 방향을 제시하는 예의를 중시해야 한다고 보았던 것이다.

우리는 현학의 귀무론과 숭유론 논변을 보면 노자와 묵자의 데자뷰를 보는 듯하다. 춘추전국시대에 노자와 묵자는 각각 무와 유를 중시하는 가상의 논쟁을 벌였기 때문이다.

앞에서 살펴본 바와 같이 노자는 세계를 특정한 방향으로 이끌어가려는 기획이 존재의 자연성을 왜곡한다고 보았다. 우리가 사람을 아무리 정확하게 규정하려고 해도 여백지대가 계속 남아 있다. 그 결과 "너에게 그런 면이 있다니, 새로 봐야 하겠는데!"라고 말할 수밖에 없다. 포섭되지 않은 여백이 남아 있다면, 존재는 전부가 아니라 일부만이 규정될 수 있을 뿐이다. 이렇게 보면 언어는 존재의 일부를 드러낼 뿐인데도 우리는 존재와 언어가 동일하다고 착각하는 것이다. 이 때문에 노자는 언어에 대응되지 않고 모든 가능성을 지닌 무의 세계를 발견한 것이다.

춘추전국시대에는 성왕이 아니더라도 누구라도 제 주장을 말할 수 있게 되었다. 여러 가지 주장이 공론의 장에서 자연스레 걸러지지 않으면 말은 사람을 진리가 아니라 혼돈으로 이끌게 된다. 주장이 맞는지 틀린지를 판별하려면 결국 합당한 기준이 세워지지 않으면 안 된다. 기준이 없으면 사람은 각자 같은 소리를 끊임없이 되풀이할 뿐이니 공론公論을 세울 수 없다.

묵자는 공론을 세우는 것이 시대의 문제를 해결하는 출발점이라고 보았다. 이런 측면에서 춘추전국시대의 혼란은 언어의 위기이자 존재의 위기였다. 그 위기는 유와 무가 개념적으로 정립되지 않고 그 관계가 뒤죽박죽 뒤섞여 있는 데에서 생겨났다. 운명이 사람에게 작용하지 않는데도 버젓이 운명론을 설파하거나 신이 존재하는데도 신이 없다고 설파하면, 우리는 세계를 더 좋은 곳으로 만들 수 없고 정의와 불의를 심판할 수도 없게 된다. 이것이 바로 배위가 말한 천유賤有라고 할 수 있다.

◆ 노묵老墨과 현대사회

우리는 노자나 묵자가 살았던 시대와 이질적인 시대를 살아가고 있다. 노자나 묵자의 사상에서 오늘날 우리의 생각을 벼리고 미래를 기획하는 좋은 자원을 찾을 수 있다. 사상 자원으로서 노자와 묵자를 읽어야 할 이유라고 할 수 있다.

오늘날 우리는 지방대와 수도권대학, 중소기업과 대기업, 실업과 취업, 정규직과 비정규직 등 다양한 분류의 틀을 가지고 세상을 바라본다. 이때 우리는 사회적으로 바라지 않는 항목에 속하지 않고 바라는 항목에 들어가는 것을 인생의 목표 또는 바람직한 방향으로 정하고 있다.

그리고 학교, 기관, 기업, 정부는 각종 지표를 동원하여 경쟁자에 비해 현재 더 많은 발전을 이루고 있고 앞으로도 발전을 계속하리라는 신호를 끝없이 내보내고 있다. 우리는 그 신호를 믿을 만한 자료로 삼아 자신의 진로를 정하는 기준으로 삼고 있다.

우리는 미시적으로 숫자와 지표에 몰입하여 더 나은 세계에 속하기 위해 과거의 수행자들이 했던 고행에 조금도 뒤처지지 않을 정도로 자기 계발을 부단히 하고 있다. 이제 우리는 목표를 초과 달성하는 것은 기본이고 적어도 전설을 쓸 만한 위인이 되기를 바란다. 류현진처럼 예상을 뛰어넘는 결실을 내면 주저 없이 '괴물'의 훈장을 부여하는 데에서 알 수 있듯이, 우리는 경쟁에서 살아남으려면 보통의 실적은 더 이상 실적이 아니고 전설 같은 특별한 실적만이 실적으로 인정되는 과잉사회를 살아가고 있다.

우리가 건네는 질문은 대부분 숫자와 관련이 있다. 성적이 얼마나 올랐느냐, 돈을 얼마 벌었느냐는 고전적인 질문에서 증시가 올랐느냐는 강박증에 이르기까지 보통을 뛰어넘는 실적을 달성하기 위해 광속으로 질주하고 있다. 대학도 마찬가지이다. 대학 전체가 잘 살아보자는 공론은 사라지고 다른 대학을 짓밟고서 살아남자는 지표 경쟁이 나날이 뜨거워지고 있다.

언젠가 대선 후보자가 말해서 히트를 친 물음이 있다. "행복해지셨습니까?" 대학의 건물이 날로 높아지고 많아지는 것을 보고 질문을 던질 수 있다. "학문이 발전했습니까?" 이런 질문은 낯설기 그지없다. 왜냐하면 우리는 어디를 가는지 모르고 숫자와 지표를 키우고 늘리기 위해 일터에서 전사로 활약하고 있지 전후좌우를 살피며 방향을 묻는 사람이기를 포기하고 있기 때문이다. 이런 질문은 다 쓸데없고, 철없고, 세상 물정 모르는 호사가들이 한가해서 던지는 골치 아픈 화제일 뿐이다.

그런데 이런 질문이 쓰레기통에 던져질 정도로 무가치한 것일까? "열심히 살고 빠듯하게 버티고 있는데, 과연 제대로 가고 있는 것일까?" 이 질문을 아직도 던질 만하다고 한다면, 우리는 노자와 묵자를 읽어야 한다. 노자와 묵자도 우리와 다른 숫자와 지표에 매달린 삶에서 벗어나는 길을 찾고자 했기 때문이다.

맹자와 장자의 말을 빌린다면, 우리는 다른 사람의 희생을 바탕으로 겨우 살아가는 식인食人의 종족이거나 무엇이 중요하고 무엇이 사소한지 거꾸로 알고 있는 도치지민倒置之民이다. 거꾸로 매달린 삶에서 풀려나 머리로 쏠린 피가 아래로 내려오는 현해懸解를 하려면 어떻게 해야 할까? 노자가 경계를 벗어나 무경계로 넘어가려고 했던 월경越境, 묵자가 무경계의 혼란을 피하기 위해 경계를 뚜렷하게 하는 입의立儀에 주목할 만하다.

老子

노자,
자유를 찾다

노자는 어떻게 無(무한정)를 통해
자유를 찾았는가?

◇ 미스터리의 인물

노자는 동아시아의 대표 사상인 도교를 창시한 인물이다. 이러한 평가에도 불구하고 노자라는 인물은 온통 수수께끼로 뒤덮여 있다. 수수께끼를 풀다 보면 심지어 "노자라는 사람이 있었을까?"라는 의구심이 들 정도이다.

먼저 성명부터 살펴보자. 사마천은 「노자한비열전」에서 노자의 인적 사항과 활동 내역을 간략하게 설명하고 있다. "노자는 성이 이씨李氏이고 이름이 이耳이고 자가 담聃이다."[22] 이 기록이 사

---

22) 「노자한비열전」 老子者, …… 姓李氏, 名耳, 字聃.

실이라면 노자는 '노자'로 불릴 것이 아니라 공자, 맹자, 장자처럼 '이자李子'로 불리어야 한다. 이처럼 가장 기본적인 성씨부터 확실하지 않다.

훗날의 기록을 보면 '이자'가 아니라 '노자'로 불리는 비밀이 조금 밝혀진다. 『사기정의』에 소개된 장군상張君相의 풀이를 들어보자.

"노자는 호이지 이름이 아니다. 노는 살피다, 밝히다의 뜻이고, 자는 낳다, 불어나다의 뜻이다. 모든 이치를 살펴서 가르치고 거룩한 변화를 이루어낸다. 그래서 만물을 무럭무럭 낳아서 잘 변화시키고 돌봐주는 데에 하나도 빠뜨리지 않는다."[23]

화제의 인물을 띄워주는 느낌이 들지만 '노자'의 비밀이 풀렸다. 과거에는 이름을 말하지 않고 자나 호를 대신 사용했다. 그런 맥락으로 보면 '노자'는 한 사람을 부르는 여러 가지 이름 중의 하나라고 할 수 있다. 물론 이런 설명 이외에도 노老 자와 이李 자의 발음이 같았던 연유로 호환해서 쓰였다는 설도 있다.[24]

이 이외에도 『사기정의』에 따르면, 이씨 성의 어머니가 81세에 임신하고 오얏나무 아래를 거닐다가 산기를 느끼자 아이가 왼

---

23) 『사기정의』 老子者是號, 非名. 老, 考也. 子, 孳也. 考教衆理, 達成聖孳, 乃孳生萬物, 善化濟物, 無遺也.

24) 쉬캉성, 유희재·신창호 옮김, 『노자 평전』(미다스북스, 2005), 18~19쪽 참조.

타이칭궁太淸宮 태극전太極殿 앞의 노자탄생처비
노자가 출생한 곳을 기념하기 위해 그 사실(?)을 알리는 비석이 세워져 있다.

쪽 겨드랑이를 찢고서 태어났다고 한다. 『사기색은』에 따르면 이
씨 여성이 노자를 낳았기 때문에 어머니 성에 따라 이씨라고 했
다거나 노자가 태어나서 손으로 오얏나무를 가리켜서 이를 성으
로 삼았다고 한다. 아마도 노자가 위대한 사상가가 된 뒤에 그에
어울리는 위대한 탄생의 이야기가 생겨난 듯하다.

　　외모와 관련해서 노자의 자인 담聃을 살펴볼 만하다. 담은 『설
문해자』에 따르면 귀가 늘어져서 길다는 뜻이다. 『사기정의』에 따
르면 담은 귀가 늘어져서 길고 귓바퀴가 없다고 한다. 이 때문에 노
자의 초상화를 보면 귀가 길게 그려져 있다. 자가 보통 이름과 관련

이 되므로 나름 일리가 있다고 할 수 있다. 성聖 자에도 귀 이耳 자의 요소가 들어 있는 것처럼 당시 듣는 능력이 지자나 현자의 중요한 덕성으로 간주되었다. 잘 들어야 아는 것이 많고 아는 것이 많아야 보통 사람과 다른 특별한 사람이 될 수 있는 것이다.

사마천은 노자를 이렇게 설명한 뒤에 또 아리송한 내용을 덧보탰다. 공자가 죽고 129년이 지난 뒤 역사서에 "주나라 태사 담儋이 진나라 헌공獻公을 만났다"라는 기록이 나온다. 그래서 어떤 이는 이 태사 담이 노자라고 보기도 하고, 어떤 이는 그렇지 않다고 보기도 했다. 두 이야기가 엇갈리지만 누구도 어느 것이 확실한지 알지 못했다. 이에 사마천은 "노자가 은둔한 군자이다"라는 모호한 결론을 내리고 있다.[25]

이렇게 보면 사마천이 살았던 한 제국 초기에만 해도 벌써 노자가 어떤 사람인지 실로 다양한 이야기가 있어서 단정하기 어려웠다고 할 수 있다. 노자의 역사적 실재성마저 믿거나 말거나 하는 수준이 되고 있다.

◇ 노자의 고향

사마천은 노자의 고향을 "초楚나라 지역 고현苦縣 려향厲鄕 곡

---

25) 「노자한비열전」 或曰儋卽老子, 或曰非也. 世莫知其然否. 老子, 隱君子也.

인리曲仁里"로 소개했다. 지명은 시대에 따라 변하기 마련이다. 왕조마다 행정 지역을 통폐합하거나 신설하는 경우가 많으므로 오래된 지명일수록 고증하기가 쉽지 않다.

노자 고향이 초나라 지역이라는 것을 확정하기도 어렵다. 춘추시대를 기준으로 해보자. 초나라 혜왕惠王은 진陳나라를 멸망시키고 초나라에 병합했다.(BC 479) 고현이 진의 멸망 이후를 고려하면 초나라에 속하지만 멸망 이전을 고려하면 진나라에 속한다.[26] 이에 따르면 노자는 초나라가 아니라 진나라 출신이 된다.

한 제국 초기를 기준으로 해보자. 『사기정의』에 따르면 회양국淮陽國은 고조 11년(BC 196)에 진陳·패沛·영천潁川 세 군을 관할하여 제후국으로 세워졌다가 경제 3년에 폐지되었다. 고현은 회양국에 소속되어 있었다. 사마천이 무제의 천한天漢(BC 100~97) 연간에 『사기』를 집필할 때 초나라 절왕節王 류교劉翹가 팽성彭城에 도읍을 두고 있었는데, 고현이 팽성과 가까웠다. 아마 고현은 초나라의 관할 지역이었을 것이므로 사마천이 노자의 고향을 초나라로 보았다는 것이다.

노자 고향이 어디인가는 옛날부터 분명하지 않았다. 바로 이 때문에 오늘에 이르러서도 여전히 몇몇 지역이 노자의 고향이라고 서로 우기는 실정이다. 현재 두 곳이 나름대로 역사적 근거를

---

26) 쉬캉성, 유희재·신창호 옮김, 『노자 평전』(미다스북스, 2005), 26~27쪽.

가지고 노자의 고향이라고 주장하고 있다. 첫째, 허난성河南省 루이현鹿邑縣 타이칭궁太淸宮이다. 둘째, 안후이성安徽省 보저우시亳州市 귀양현渦陽縣 티엔징궁天靜宮이다.

　루이현 타이칭궁은 노자가 태어난 곳을 기념하여 지은 도교 사원이다. 후한 환제桓帝가 165년 노자를 기념하는 건물을 짓고 노자묘老子廟라 불렀다가 그 뒤 노자사老子祠로 바뀌었다. 당 제국에 이르러 노자는 제국의 선조로 추앙되었다. 고종은 노자를 태상현원황제太上玄元皇帝 존호를 부여하고 자극궁紫極宮을 증축했고, 측천무후는 노자 어머니에게 선천태후先天太后 존호를 부여하고 어머니를 모시는 궁을 지었고, 현종은 직접 노자묘를 방문하고 그 규모를 최대로 늘려 태청궁이라 불렀다.

　오늘날 타이칭궁을 찾으면 정문의 맞은편 노자문화광장에 멀리서도 볼 수 있는 거대 동상이 눈에 띈다. 가까이 다가가지 않아도 그 주인공이 노자라는 것을 짐작할 수 있다. 궁에 들어서면 노자와 그 어머니 등 다양한 도교의 신을 모시는 사당을 볼 수 있다. 타이칭궁에는 '노자탄생처老子誕生處'비를 비롯하여, 현종이 노자에 주석을 단 〈당개원신무황제도덕경주비唐開元神武皇帝道德經注碑〉와 원 제국의 〈태청궁성지비太淸宮聖旨碑〉 그리고 건물을 개보수하며 그 사실을 기록한 금의 〈속수태청궁비기續修太淸宮碑記〉와 청 제국의 〈중수태청궁비기重修太淸宮碑記〉를 볼 수 있다. 이 중 현종의 〈도덕경주비〉는 거대한 데다 땅을 파고 안치한 터라 사진

노군대

노자가 죽어서 신선이 된 곳을 기념하기 위해 지은 곳이다. 야트막하지만 노군대에 오르면 주위의 경관을 한눈에 바라볼 수 있다.

망월정

음력 8월 보름이 되면 달이 이 우물에 맺힌다는 이야기가 전해진다. 하늘의 달을 바라보듯이 우물의 달을 바라볼 수 있기에 '망월'의 이름을 지었다.

을 찍으려고 아무리 애를 써도 성공할 수가 없다.

그 이외에도 음력 8월 보름이면 달이 맺힌다는 '망월정望月井'이 있다. 낮에 타이칭궁을 찾으니 작은 구멍으로 아무리 들여다봐도 달을 볼 수는 없다. 만약 보게 된다면 "하늘의 달이 곧 우물의 달"이 되는 광경을 목도하리라.

다리가 피곤하다고 하더라도 꼭 봐야 할 곳이 있다. 노자가 죽어서 신선이 되어 하늘로 올라갔다는 노군대老君臺가 바로 그곳이다. 노군대는 달리 승선대升仙臺 또는 배선대拜仙臺로 불린다. 사람이 다소 많으면 한적한 산책이 되지 않는다. 그래도 계단을 올라가서 주위를 둘러보면 전경이 꽤 넓게 펼쳐진다.

다음으로 귀양현 티엔징궁은 노자와 그의 어머니 그리고 도교의 신을 모시는 사원이다. 귀양의 지명은 회하淮河의 지류로 이곳에 흐르는 궈허渦河에 바탕을 두고 있다. 티엔징궁은 전체적으로 노자문화생태원老子文化生態園의 구도에서 조성되고 있지만 아직 공사가 제대로 되지 않아 어수선한 느낌을 준다. (언젠가 다시 찾을 때 완공된 노자문화생태원을 보게 되기를 기원한다.)

이 느낌을 뒤로하고 티엔징궁에 들어서면 입구에서 천하도원天下道原이라 쓰인 돌기둥을 만난다. 걸어가기에 부담스러울 정도로 넓은 대지에 커다란 세 건물이 종축으로 배치되어 있다. 이 중 가운데가 노군전老君殿으로 노자를 안치하고 있다. 성모전聖母殿에는 노자 어머니를 모시고 있고, 재신전財神殿에는 관우를 모시

티엔징궁 입구의 천하도원

높은 하늘과 드넓은 대지, 어디엔가 노자가 거닐었을 법한 느낌이 전해진다. 광활한 경내를 걷다 보면 지친다. 경내를 일람하고 돌아 나올 때 전기차를 이용했다.

노군전   송나라 노군전 위치의 표지석

고 있다.

아픈 다리를 쉬어가며 사당에 들러 어떤 도교의 신을 모시고 있는지 살펴보는 것도 흥미로운 일이다. 도교의 신은 세상 사람들이 바라는 세속적 욕망에 응답하기에 때를 잘 만나면 향을 사서 소원을 비는 사람을 만날 수 있다.

◇ 공자, 노자를 찾다

철학사를 읽으면 홀로 빛나는 별을 만나는 재미를 즐긴다. 아울러 홀로 빛나는 별들이 우연이든 의도하든 만나는 장면을 상상하게 된다. 조선의 경우 이황과 이이가 도산서원에서 만나 나이 차이를 넘어 서로를 존경하게 되었다. 송나라의 경우 주희와 육상산이 아호사鵝湖寺에서 만났지만 서로의 차이를 확인했을 뿐이다.

춘추전국시대 제자백가들은 제나라 직하稷下에서 만나 서로 사상 교류를 하며 알게 모르게 서로를 닮아갔다. 사마천은 그 이전에 철학사의 큰 별이 만났다는 이야기를 전한다. 사마천은 정확성을 생명으로 여기는 역사가이지만 노자를 미스터리한 인물로 그려냈다. 이는 자료의 한계로 인해 어쩔 수 없었다고 할 수 있다. 그는 전후 맥락도 없이 "공자가 주나라 수도 낙양으로 가서 노자에게 예에 대해 물었다"라고 기록하여 철학사에 두고두고

공자성적도 「문례노담問禮老聃」과 타이칭궁 현원전玄元殿 안의 「문례노담」

「문례노담」은 공자가 노자를 찾아 예를 물었다는 뜻으로 두 사람의 만남이라는 회화의
소재로 널리 알려져 있다. 같은 소재이지만 그리는 사람과 걸린 장소에 따라 그 느낌이
다르게 전해진다. 공자성적도에서 공자는 노자를 마주하여 의자에 앉아 있지만 현원전
그림에서 공자는 다소곳이 서 있고 노자는 기대어 앉아 있다.

쟁점이 되게 만들었다.[27)]

　이 이야기는 "철학사의 서술을 노자부터 해야 하는가 아니면 공자부터 해야 하는가?"라는 논란에 단초를 제공하면서 노자가 공자보다 선배라는 주장을 분명히 하고 있다. 사마천이 요약하고 있는 두 사람의 대화를 잠깐 들어보자. 공자가 예를 묻자 노자가 대답했다.

　"당신이 말끝마다 들먹이는 성현들은 몸과 뼈가 이미 썩었고 그들의 말만 겨우 남아 있을 뿐이오. 군자도 때를 만나면 관직에 나아가지만, 때를 만나지 못하면 다북쑥처럼 떠돌아다니지요. 당신은 교만과 욕망, 허세와 지나친 포부를 버리시오. 이것은 모두 당신에게 아무런 도움이 되지 않소. 내가 당신에게 해줄 수 있는 말은 이것뿐이오."[28)]

　공자는 알고 싶은 것이 많은 사람인지라 먼 길을 떠나서라도 주나라 왕실 도서관을 담당하고 있던 노자를 만나려고 했다.[29)] 공자는 자신이 알고자 하는 것을 노자에게 들을 수 있으리라 기대했다. 노자의 말을 들으면 차가움과 따뜻함이 함께 느껴진다. 처

---

27) 「노자한비열전」 孔子適周, 將問禮於老子.

28) 「노자한비열전」 子所言者, 其人與骨皆已朽矣, 獨其言在耳. 且君子得其時則駕, 不得其時則蓬累而行. …… 去子之驕氣與多欲, 態色與淫志, 是皆無益於子之身. 吾所以告子, 若是而已.

29) 「노자한비열전」 老子者, …… 周守藏室之史也.

음에 노자가 공자가 알고자 하는 성현들의 말씀이 부질없다고 말하는 점에서 서늘한 냉기마저 감돈다. 노자는 한껏 기대에 부풀어 있는 공자에게 "그딴 것 배울 필요가 없네"라고 말리고 있기 때문이다.

마지막에 이르면 노자는 공자에 대해 우려를 나타내고 있다. 아마 노자는 공자의 언행에서 도탄에 빠진 세상을 구하겠다는 결의에 찬 표정을 읽었으리라. 도도하게 흘러가는 세상에 홀로 맞서서 바꿀 수 없으니, 젊은 사람이 의욕과 기대를 가지고 일을 하다 보면 다치기가 쉽다는 말을 하고 있다.

공자는 노자를 떠나 제자들에게로 가서 자신이 노자에게 받은 느낌을 전했다.

"달리는 들짐승은 그물로 잡을 수 있고, 헤엄치는 물고기는 낚시로 잡을 수 있고, 나는 새는 화살로 잡을 수 있다. 용은 구름과 바람을 타고 하늘을 나르니 나는 어떻게 할지 모르겠다. 내가 오늘 노자를 만나보니 그는 마치 용과 같구나!"[30]

공자는 나는 새, 헤엄치는 물고기, 달리는 들짐승이라면 어떻게든 요리할 수 있다는 자신감을 피력했다. 하지만 용은 자신의

---

30) 「노자한비열전」走者可以爲罔, 游者可以爲綸, 飛者可以爲矰. 至於龍, 吾不能知其乘風雲而上天. 吾今日見老子, 其猶龍邪!

역량으로 어찌해볼 도리가 없다는 한계도 나타냈다. 공자는 이제까지 만나지 못한 그런 용과 같은 인물을 만난 것이다. 공자가 노자를 만나서 질문도 하겠지만 자신의 이야기를 맘껏 펼쳐서 맞짱을 떠보려는 심사를 가지고 있었던 것이다. 마지막 구절을 보면 공자는 자신의 이야기가 노자에게 씨알도 먹혀들지 않아 한계를 느꼈다는 고백을 하고 있다.

철학사를 빛낸 사상가들의 만남은 소문만큼 풍성한 결실을 거두지 못했다. 하지만 두 사람은 서로의 길이 확연히 다르지만 서로를 염려하고 위로하는 우정을 나타내고 있다.

◆ 노자, 소를 타고 함곡관을 나서다

노자는 낙양에서 자신의 정체를 드러내지 않고 숨어 지냈다. 그는 세상에 개입하지 않고 도서관의 책 속에 자신을 묻었던 것이다. 그도 주나라가 더 이상은 다시 일어날 희망이 없다고 생각하자 낙양을 떠나기로 했다. 더 있다가 낙양이 전장이 되면 커다란 화를 당할 수 있기 때문이리라.

그는 함곡관을 나서 자신의 종적을 아예 지우고자 했다. 함곡관을 나선다는 것은 보호를 받을 수 없고 홀로 살아가야 하는 낯선 곳으로 간다는 뜻이다. 즉 스스로 세상과 이별을 고하는 것이다. 마침 함곡관의 출입을 담당하던 윤희尹喜는 노자에게 청을 했다.

윤희 동상
보저우시 궈양현에는 윤희공원이 있다. 『노자』 탄생의 일등공신인 윤희를 기리는 공간이다.

"당신이 이제 숨으려고 하니 나에게 글을 남겨주시기를 부탁합니다. "[31]

노자는 세상에서 자신을 지우고자 했지만 자신이 평생 일군 생각의 집만큼은 완전히 지울 용기가 나지 않았던 모양이다. 그

---

31) 「노자한비열전」 子將隱矣, 彊爲我著書.

는 윤희의 청을 받아들여서 5000여 자의 책을 남겼다. 이것이 오늘날 『노자』 또는 『도덕경』으로 불리는 책이다.

노자가 인생의 마지막에 스스로 세상을 등졌다는 이야기는 두고두고 사람들의 생각과 예술혼을 자극했다. 노자의 이야기는 불의가 가득 찬 세상을 바꾸기 위해 용기를 잃지 않고 끝까지 싸워야 하는지, 아니면 개인으로 맞설 수 없다는 한계를 인정하고 세상과 적절한 거리를 두어야 하는지 고민할 때 후자를 선택하게 만들었다.

아울러 예술가들도 세상에 대한 미련을 모두 내려놓고 자신의 삶에 집중할 수 있는 포기를 그림으로 그리고자 했다. 예술가들은 노자가 푸른 소를 타고 함곡관을 빠져나가는 장면을 그림으로 표현하여 '세상에 미련을 두는 마음'을 끊으려는 자세를 나타냈다. 벼슬하면서 이 그림을 벽에 걸어놓는다면 언제라도 떠날 때 떠나겠다는 뜻을 펼쳐보이는 것이다.

그런데 떠날 것이라면 빨리 달리는 말을 타고 갈 것이지 하필이면 노자는 느린 소를 타고 갈까? 우리는 이 해답의 실마리를 고려 말 조선 초에 문장가로 활약했던 기우자騎牛子 이행李行을 소재로 한 권근權近(1352~1409)의 글에 찾을 수 있다.

"사물을 눈에 담을 때 빠르면 대충 보게 되고 더디면 묘한 장면을 다 볼 수 있다. 말은 빠르고 소는 더디게 움직인다. 소를 타는 것은

김홍도, 「노자출관도老子出關圖」

정선, 「노자출관老子出關」

노자가 함곡관을 나서 인간 세상에서 자취를 감추었다는 '노자출관'은 가장 환영받는 회화의 주제였다. 노자는 출관을 통해 자신이 어떠한 특별한 표시가 나지 않는, 같은 사람들 속으로 들어갔다고 할 수 있다. 김홍도의 그림은 노자와 소에 치중했다면 정선의 그림은 노자와 소 이외에 윤희와 함곡관을 그리고 있다.

더디고자 하는 것이다."³²⁾

노자는 빨리 갈 이유도 없거니와 속도에 취해 사는 시대와 다른 행보를 보이는 것이다. 떠난다는 것 자체가 이미 결론이 난 일이다. 생각을 바꿔서 낙양으로 다시 돌아올 일이 없다. 모든 것을 접었으니 휙 사라지지 않고 느릿느릿 사라지면 여운을 남기는 것이다. 영화의 마지막 장면이 후다닥 끝난다고 생각해보라. 받았던 감동도 다 사라지리라. 노자는 그렇게 자신의 속도로 살면서 자신의 속도로 사라진 것이다.

오늘날 빛의 속도로 움직이기를 바라는 사람에게 노자의 속도는 너무나도 느려서 답답하게 느껴질 수 있다. 노자는 속도 경쟁에 취한 춘추전국시대의 경쟁을 비판하고자 했다. 말이 아니라 소를 탄 노자, 참으로 자연스럽지 않은가?

◆ 확장 중인 텍스트

노자의 책을 이름대로 『노자』라고 부른다. 또 전체 81장의 내용을 크게 두 부분으로 나눌 수 있다. 1장~37장은 도道를 주로 이야기하고, 38장~81장은 덕德을 주로 이야기하여 각각 도경道經과

---

32) 『양촌집陽村集』권21 「기우설騎牛說 이행李行」 凡寓目於物者, 疾則粗, 遲則盡得其妙, 馬疾牛遲, 騎牛, 欲其遲也.

덕경德經이라 부르고 합쳐서『도덕경』이라 부른다. 노자와 도덕경을 합쳐서『노자 도덕경』으로 부르기도 한다.

중국은 개혁개방을 실시하며 도로를 늘리고 댐을 짓는 등 사회적 인프라를 구축하고 있다. 이 과정에서 지하에 있던 유물이 대거 발굴되거나 도굴되어 골동품 시장으로 흘러들어갔다. 이로부터 새로운『노자』텍스트가 발견되었다.

1973년 후난성湖南省 창사長沙 마왕퇴馬王堆에서 한나라 무덤이 발굴되었다. 3호무덤에서 비단에 글씨를 쓴 대량의 백서帛書가 모습을 드러냈다. 백서 중에는 두 종의『노자』가 들어 있었다. 소전체로 쓰인 한 종을 갑본이라 부르고, 예서체로 쓰인 한 종을 을본이라 부른다. 특이하게도 갑본과 을본은 오늘날 '도덕경'의 순서가 아니라 '덕도경'의 순서로 되어 있었다. 즉 순서가 앞뒤로 바뀐 꼴이었다. 내용은 현행『노자』와 비슷하지만 글자의 출입이 있다.

1993년 후베이성湖北省 징먼시荊門市 귀뎬촌郭店村에서 전국시대의 무덤이 발굴되었다. 그 무덤에는 마왕퇴보다 이른, 대나무 조각에다 글씨를 쓴 초나라의 죽간이 들어 있었다. 여기에서 세 종의『노자』를 발견했는데, 모두 죽간의 길이가 다르고 분량도 차이가 났다. 2000년이 넘어 상하이박물관은 도굴되었다가 홍콩의 암시장에서 흘러온 초나라 죽간『노자』의 판본을 수집하여 정리하기도 했다.

여기서 우리는 『노자』의 텍스트가 시대를 달리하면서 다른 내용으로 쓰여졌다는 점에 주목할 필요가 있다. 현행 『노자』를 비롯하여 『노자』는 어느 시점에서 완성된 것이 아니라 시간을 두고 끊임없이 확장되는 꼴로 쓰였다고 할 수 있다. 고대의 문헌을 읽어보지 않은 사람이라면 선뜻 이해하기가 쉽지 않을 것이다.

　　우리는 이 문제를 『묵자』를 통해서 풀 수 있다. 『묵자』의 경우 몇몇 편은 동일한 제목의 편명 아래에 상중하 세 종의 글이 있다. 예컨대 「겸애」의 경우 「겸애」상, 「겸애」중, 「겸애」하 세 종의 글이 있다. 분량으로는 상보다 중이, 중보다 하가 많아 차츰 늘어나는 꼴로 되어 있다. 내용으로는 상에 없는 부분이 중과 하에 들어 있어 차츰 발전되어가는 꼴로 되어 있다. 따라서 『묵자』는 한꺼번에 완성된 저작이 아니라 시간을 두고 완성도를 높이는 식으로 저술

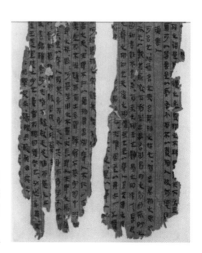

마왕퇴한묘 백서 노자 갑본甲本
백서 노자 갑본의 체제에서 도보다 덕이 먼저 나온다. 갑본의 서체는 전서篆書에서 예서隸書로 변해가는 중간 단계의 글꼴로 되어 있다.

되었다고 할 수 있다.

『노자』도 『묵자』랑 마찬가지로 일시에 완성된 것이 아니라 점차로 확장되는 꼴로 쓰인 셈이다. 고고학으로 비유하면 『노자』는 다양한 지층에서 발견되는 복수의 텍스트 형식을 갖는다고 할 수 있다. 아직 새로운 판본의 『노자』가 나오지 않아 『노자』의 최초 판본과 최종 판본을 확정할 수는 없다.

그럼에도 불구하고 우리는 『노자』가 확장되는 텍스트의 특성을 갖는다는 점을 이해한다면, 고대 사상사를 이해하는 새로운 시야를 가질 수 있다. 지금까지 공자와 노자의 선후와 관련해서 해결되지 않은 의문이 남아 있었다. 『노자』는 19장의 "절성기지絕聖棄智", "절인기의絕仁棄義"처럼 공자의 인의를 부정하고 있다. 상식적으로 노자가 인의를 부정하려면 그 앞에 누군가가 인의를 주장해야 한다. 그래서 노자가 공자보다 선배라는 주장이 설득력을 얻기 어려웠다.

하지만 지금 판본에 따라 "절성기지", "절인기의" 부분이 없으므로 이전의 난점을 해결했다고 할 수 있다. 『노자』의 초기 판본에는 인의를 부정하는 내용이 없으니 초기 판본을 기준으로 하면 노자가 공자보다 선배라고 하더라도 별다른 문제가 생기지 않을 수 있다. 이를 받아들이면 『사기』에 나오는 공자의 "문례노담"이 역사적 사실일 수 있다.

백서와 죽간의 발견은, 한 제국 이래로 제기된 "노자가 먼저

인가, 공자가 먼저인가?"라는 논쟁을 해결할 수 있는 실마리를 제공한다. 이전에는 도가를 좋아하면 "노자가 먼저다"라고 주장하고, 유가를 좋아하면 "공자가 먼저다"라고 진영 논리를 펼쳤다. 이제 진영 논리를 벗어나 과학적인 논의를 펼칠 수 있게 되었다.

이제 유를 넘어 무의 세계를 발견한 노자의 이야기를 들어보자.

금기 많을수록 백성은 가난해진다

"앞에 나서서 적극적으로 하지 말라"는 무위無爲 또는 무위자연無爲自然은 노자의 대표적인 사상이다. 무위는 사람에 따라 희망과 황당함을 나타낼 정도로, 그 반응이 판이하게 다르다. 어떤 사람이 하던 일에 지치고 계획을 세우는 것이 허무하다고 느낀다면, 무위는 희망으로 느껴진다. 뭔가를 끊임없이 꿈꾸기보다 일이 저절로 진행되게끔 맡기자는 소리는 '복음'처럼 들릴 수도 있다.

반면 어떤 사람이 일을 의욕적으로 추진하고 계획을 세워서 미래의 비전을 그리고 있다면, 무위는 허무맹랑한 이야기로 들린다. 일을 성공으로 추진하려면 끊임없이 조사하고 검토하여 만에 하나의 가능성을 대비해야 하는데, 무위라고 말하면 무책임한 소리를 하는 것으로 여겨진다.

철학의 개념은 특수한 문맥으로 쓰이냐 아니면 일반적인 맥락으로 쓰이느냐에 따라 그 의미가 달라질 수 있다. 예컨대 우리는 일반적으로 "이성적으로 사고하고 행동해라!"라는 말을 자주 한다. 걸핏하면 흥분해서 화를 내거나 사소한 일에도 덤벙거리는 사람에게 이것저것 잘 따져보라는 의미로 쓰면, 특별히 문제 삼을 곳이 없다. 하지만 이 말이 "'감정'을 완전히 배제하고 '이성'에만 따르라!"는 뜻으로 쓰인다면, 논란의 여지를 가지게 된다. 이대로 하다가는 따뜻한 감정이나 공감이라고는 조금도 없는 냉혈한이 될 수 있기 때문이다.

무위나 무위자연도 앞에서 본 '이성'과 마찬가지이다. 특수한 문맥과 일반적 문맥에 따라 그 의미가 달라질 수 있다. 무위가 복음인지 잠꼬대인지 밝히려면, 개념을 좀 찬찬히 살펴볼 만하다. 한자 '위爲' 자는 '하다'라는 뜻으로 영어의 do동사처럼 사람이 하는 가장 일반적인 동작을 나타낸다. 오늘날 한자의 모양에 잘 보이지 않지만 초기의 글꼴을 보면 '爲' 자는 코끼리 모양을 본뜨고 있다. 이 점과 고고학의 발굴 성과를 종합하면 꽤나 흥미로운 사실을 밝힐 수 있다. 오늘날 중국 허난성河南省 지역은 지금보다 기후가 더 따뜻한 열대성 기후대에 속했고, 그 덕분에 코끼리가 그 일대에 서식한 것으로 알려지고 있다. 영화 「인디아스 존스」에서 코끼리가 사람을 대신해서 전쟁과 노동에 종사하는 장면이 있듯이, 한자를

'위爲' 자 글꼴의 변화

지금의 글꼴에서는 코끼리 흔적을 찾을 수 없지만 초기 글꼴을 보면 분명 거대한 동물이 글자 안에 들어 있다. 2시에서 7시 방향으로 내려오는 선이 있는데, 그 부분이 코끼리의 코를 나타낸다.

만들던 당시도 코끼리를 노동에 동원한 것이다. 이로 인해 코끼리가 일하다는 뜻의 '위' 자에 그 모습을 남기게 된 것이다.

일하다는 뜻의 '위'는 그냥 일상적·직업적인 의미로 널리 쓰였을 뿐 아직 철학 개념이 아니다. 하지만 문자를 만드는 시기를 지나 춘추전국시대에 이르러 상황이 완전히 바뀌게 된다. 사람들은 더 이상 신화적 사고에 머무르지 않고 이성적 사고를 하기에 이르렀다.

신화 단계에서 사람들은 대지에 커다란 우주목cosmic tree이 있기 때문에 하늘이 떨어지지 않는다고 생각했다. 신화 단계를 벗어나서 사람들은 우주목이 있어서 그런 것이 아니라 천지 사이를 가득 메운 기氣 덕분에 하늘이 떨어지지 않는다고 생각했다. 아울러 신화 단계에서 사람들은 세계가 상제上帝나 천天의 명령으로 운행된다고 생각했다. 이성의 단계에 이르러 세계는 인간이 목표와 방향성을 정하고 그것을 달성하기 위해 전략을 짜는 대로 나아간다고 생각했다.

요약하면 사람이 조금씩 상제와 신화를 대신하여 세계를 설계하고 기획하는 주체로 성장하게 된 것이다. 이로써 '위'는 단순히 일상적이고 직업적인 분야에서 힘을 쓴다는 뜻에 한정되지 않고 자신의 뜻대로 물건을 만들거나 특정한 방향으로 사회를 이끌어가려는 욕망, 의지, 목적 등을 가리키게 되었다. '위'는 동사에서 명사의 의미로 진화했다고 할 수 있다.

예컨대 "유가는 유위有爲를, 도가는 무위無爲를 주장한다"라는 말에서 철학 개념으로서 '위'를 만날 수 있다. 공자는 사람이 하고 싶은 대로 행동하는 것이 아니라 예禮에 따라 처신하자고 주문했다. 예에 따른 행동은 점잖고 우아하여 사람 사이를 편하게 하고 소통을 가능하게 하는 반면, 맘대로 하는 행동은 투박하고 거칠어서 사람 사이를 불편하게 하고 오해를 낳을 수가 있다. 그래서 공자는 무슨 일을 벌이거나 행동을 하면, 사람이 반드시 예에 따라야 한다고 요구했다. 예는 사람이 행동할 때 따라야 할 방향이기도 하고 행동을 그것에 맞도록 재단하는 기준이기도 했다. 공자의 경우 예에 따르느냐 여부는 사람이 얼마나 사람답게 행동하는지를 측정하는 잣대가 되었다. 나아가 예에 따른 행동은 집단과 집단, 민족과 민족을 구분하는 기준이 되면서 문명화의 척도가 되기도 했다.

노자는 공자를 비롯한 제자백가들이 특정한 방향을 정해놓고 모든 사람이 그것을 따라야 한다는 것을 부정했다. 그것은 불필요한 족쇄나 과도한 구속과 다를 바가 없다고 보았다. 특정한 방향의 제시는 오히려 사람의 자연스런 행동을 막는 요인이 될 수 있다. 그래서 『노자』를 읽으면 기존 사회의 규범이나 제도에 대한 부정적인 진술이 많이 나온다. 규범과 제도를 강조하면 사회가 고통을 겪지만, 그것을 지키지 않으면 좋은 일이 생긴다는 식이다.

"세상에 무엇을 하지 말라는 금기가 많으면 많을수록 백성들이 더욱 가난해진다. 민간에 날카로운 도구가 많으면 많을수록 나라가 더욱 혼란해진다. 법령이 복잡해지면 복잡해질수록 도적이 더욱 늘어난다."[33]

도적을 잡기 위해 법령을 더 촘촘하게 만들다 보면 사람들이 더 많이 법에 걸려들게 된다. 사회를 안전하게 하느라 금기를 자꾸 들먹이지만 금기는 부자연스럽게 만든다. 즉 사람이 어떤 목적의식을 가지고 사람과 사회를 특정한 형태로 만들고자 하지만 그것이 오히려 사람에게 운신의 폭을 대폭 줄이는 결과를 낳는 것이다.

이로 인해 노자는 규범과 제도가 사람을 부자연스럽게 만드는 원인으로 보았다. "예는 사람다움을 드러내는 형식이 아니라 마음에서 우러나는 진실함을 담아내지 못하고 사람 사이의 혼란을 부추기는 기원이다."[34] 노자는 앞서 부정의 언어를 말했다면 이제 역설의 언어를 말하기 시작했다. 제도와 규범을 지키지 않고 내다 버린다면, 오히려 개인과 사회가 건강을 되찾고 밝은 미래를 만날 수 있다.

"사람들이 특별하다고 생각하는 성인이나 뭐든 안다고 생각하는 지자를 쳐다보지 않으면, 오히려 백성들의 사람살이가 100배 1000배

---

33) 57장 天下多忌諱, 而民彌貧, 民多利器, 國家滋昏, 人多伎巧, 奇物滋起, 法令滋彰, 盜賊多有.

34) 38장 夫禮者, 忠信之薄, 而亂之首.

나아진다. 사랑과 정의라는 도덕을 강조하지 않으면, 오히려 백성들이 마음에서 우러나는 효도와 너그러움을 회복하게 된다. 다른 사람이 갖지 못한 기교와 이익을 돌아보지 않으면, 도적들이 모두 사라질 것이다."[35]

이 지점에서 우리는 노자가 당시 인류가 일구어온 문명을 전부 거부하는 것인지 아니면 대안 문명을 제안하는지 따져볼 때가 되었다. 많은 경우 『노자』에 "차별이 없던 상태로 돌아가자"는 회복의 언어가 많이 사용되고 있으므로 노자가 "문명을 거부한 사상가" 또는 "문명의 타락을 경고한 철인"으로 본다. 특히 노자가 이상 사회로 꼽고 있는 '소국과민小國寡民'이 당시의 '부국강병富國强兵' 모델과 정반대되기 때문에 그는 더욱더 체계 부정의 인물로 간주되었다. 더 나아가 노자는 모든 인위적인 지배체제를 부정하는 아나키스트로 취급되기도 했다.

이런 주장은 나름 일리가 있지만 다소 성급한 결론이다. 인류가 상제와 신화로부터 벗어나 이성에 의거해서 이상 세계를 세웠지만, 그것이 인류를 타락으로 이끈다고 노자는 비판했다. 그 비판을 바로 문명의 진행을 중단하고 이전으로 돌아가자는 복고의 신호로만 볼 수는 없다. 노자의 제안은 복고의 틀에 한정되지 않는

---

35) 19장 絕聖棄智, 民利百倍, 絕仁棄義, 民復孝慈, 絕巧棄利, 盜賊無有.

다. 그는 복고보다 훨씬 더 깊고 넓은 사유를 제시하고 있다.

인류는 자신이 출발했던 시원으로 돌아가서 지금까지 진행된 궤도가 얼마나 어긋났는지 반성하는 것을 포함해서 새로운 길을 찾아야 했다.(이러한 점에서 노자의 도道가 무엇인지 그 정체가 밝혀져야 한다. '도는 포용하고 공존하는 흐름 그 자체'에서 도를 이야기할 때 자세히 살펴보기로 하자.) 이 길은 결코 복고의 단선이 될 수가 없다. 이 길은 복고를 포함하면서 그간 진행된 궤적을 반성하고, 현재와 과거를 수없이 왔다 갔다 하는 과정을 통해 타락하지 않는 방향을 제시하는 것이다.

노자는 이 방향을 외부의 원인(힘)이 끼어들지 않고 자체의 힘으로 끊임없이 생성을 자발적으로 되풀이하는 '무위자연'으로 보았다. 노자는 말한다. 사람은 자꾸 어디를 어떻게 가라고 지시하지만 자연의 도는 아무런 말을 하지 않고 그냥 지나갈 뿐이다. 다시 노자는 말한다. "자연을 봐라. 아무런 말이 없지만 모든 것이 척척 제대로 돌아가고 있지 않은가?(무위이무불위無爲而無不爲) 그러니 뭣 하러 그 과정에 끼어들어서 감 놔라 배 놔라 하느냐!"

신년이 되면 사람들은 연례행사를 치르듯이 그해 계획을 짠다. 이렇게 한 해의 방향과 목표를 정해놓으면 계획은 가만히 있는데 사람은 그 계획에 맞추느라 아등바등한다. 계획이 빛을 던져주는 것이 아니라 깜깜한 어둠을 가져온 셈이다. 노자는 "신년이면 계획을 세우자!"가 아니라 "왜 계획을 세우는지?"부터 따져보자며 우리를 계획 세우기 이전으로 초대한다. 계획이 잘못되었다면 급한 대로 한둘 고치는 것이 아니라 처음부터 다시 시작해야 한다. 노자는 한번 시작하면 앞으로 쭉 나가는 직진 본능 또는 관성의 힘을 거스르는 괴력을 발휘하고 있다. 이때 돌아가는 것은 돌아오는 것을 전제하고 있으므로 그 괴력이 더욱 빛나 보인다. 그렇지 않으면 괴력의 발휘는 헛힘을 쓰는 것에 불과하다. 무위는 헛힘이 아니라 참된 힘의 드러냄이다.

유위의 억압을 넘어 무위자연의 자발성으로

우리가 일을 성공시키려고 하면 몇 달 전부터 계획하고 하루하루 점검해야 한다. 이는 마치 서정주의 시 「국화 옆에서」에 나오는 소쩍새와 비슷하다. "한 송이의 국화꽃을 피우기 위해 봄부터 소쩍새는 그렇게 울었나 보다." 소쩍새가 봄부터 운 덕분에 가을에 국화가 탐스런 꽃을 피우는 것이다.

노자는 "앞에 나서서 적극적으로 나서지 않지만 모든 일이 술술 풀려나간다"라는 무위자연無爲自然을 강조한다. 이 주장은 서푼의 지식과 얄팍한 경험을 믿고 "나를 따르라!"고 외치는 문명 예찬론자를 비판하는 맥락에서 나온 말이다. 요즘도 개인적인 확신을 내세우며 무리한 신규 사업을 추진했다가 처참한 실패를 하거나 장밋빛 전망을 앞세우며 거대한 자연 개발의 프로젝트를 시행했다가 환경의 재앙을 맞이하는 경우가 있다. 이럴 경우 우리는 노자의 '무위자연'을 원용하며 무모한 기획, 허황된 욕망이 낳을 수 있는 폐해와 위험성을 경고할 수 있다.

그럼에도 불구하고 유위有爲를 하며 살아가는 사람들은 "앞에 나서서 적극적으로 나서지 않지만 모든 일이 술술 풀려나간다"라는 무위자연을 오해할 수 있다. "일이 잘 되려면 누구라도 적극적으로 나서야 한다. 그렇지 않고 일이 잘 되면 마술일 뿐이다." 이어서 "아무도 하지 않는데 일이 잘 된다면, 사람이 아니라 신이 일을 도와주는 건가?"라고 의문을 던지게 된다. 무위자연이 마술적 사고나 유신론을 전제로 한다면 이해하겠지만, 그렇지 않으면 믿을 수 없다는 투이다.

노자의 책을 아무리 뒤져봐도 사람 대신 신이 일을 한다거나 현실과 주술을 혼동하는 내용을 찾아볼 수가 없다. 그렇다면 노자가 도대체 무얼 믿고 "앞에 나서서 적극적으로 나서지 않지만 모든 일이 술술 풀려나간다"라고 말했을까? 이에 대해 적절한 회답이 없다면, '무위자연'은 사람들에게 관심을 환기시키는 구호일 뿐이지 개인과 사회에게 빛을 던져줄 수 있는 길이 될 수가 없다. 즉 무위자연은 더운 여름의 청량 음료수나 추운 겨울의 오뎅 국물처럼 순간 위안을 줄 수 있을 뿐 '유위'의 세상을 뛰어넘는 대안이 될 수가 없다. 이 문제를 풀어가려면, 노자가 사회나 세상의 어떤 운행을 자연스러운 것으로 보는지 살펴보지 않을 수가 없다. '자연스러운 운행'의 정체가 드러난다면, 무위자연도 그냥 좋은 말씀이 아니라 사회 운영의 방향을 밝혀줄 것이다.

"있음과 없음은 서로 살게 해주고, 어려움과 쉬움은 서로 이루어주고, 높고 낮은 서로 기울어지게 하고, 앞과 뒤가 서로 뒤따른다."[36]

사물과 사태는 다양한 성질을 갖는다. 이분법은 그중에 가장 커다란 차이를 갖는 성질을 나타낸다. 예컨대 높이는 '아주 낮다', '조금 낮다', '조금 높다', '아주 높다' 등등 다양한 차이를 가지고 있는데, 높음과 낮음이 가장 큰 차이를 가리킨다.

일의 난이도는 '손도 못 델 정도로 어렵다', '조금 어렵다', '전번보다 쉽다', '눈 감고도 할 수 있다' 등등 다양한 층차를 가지고 있는데, 어려움과 쉬움은 그 차이를 가장 극명하게 나타낸다. 이때 노자는 상반되는 성질이 모순되므로 배제해야 한다고 보지 않았다. 오히려 그는 상반되는 성질이 서로 의존하고 있다는 점을 강조하고 있다.

노자의 사고를 이해하려면 당시 지도자들이나 사상가들이 사회나 세상을 어떻게 운영하려고 했는지 살펴보지 않을 수가 없다.

---

36) 02장 有無相生, 難易相成, 高下相傾, 前後相隨.

상앙商鞅은 부국강병을 위해 국가가 창출할 수 있는 국부를 최대로 키우려고 했다. 이 목적에 따르면 국부가 적은 상태에서 많은 상태로 바뀌어야 한다. 예컨대 국부가 현재 100일 경우 경쟁국보다 국부를 키워야 하므로 100에서 200 또는 1000으로 키워야 한다. 100의 적은 상태는 변화를 일구어나가는 출발점이지만 결코 그 상태에 머물 수가 없다. 100은 벗어나야 하는 상태이기도 하고 더 많은 200이나 1000에 비해 어떠한 상대적 가치를 지닐 수도 없다. 100은 200이나 1000에 대해 모순이므로 극복의 대상이 된다.

공자와 맹자는 사람이 생존의 욕망에 내몰리는 소인小人에서 전체를 고려하는 대인大人으로 탈바꿈해야 한다고 보았다. 그 과정이 바로 사람의 격[人格]이 낮은 상태에서 높은 상태로 올라서는 것이다. 사람과 교제를 하다 보면 여러 부류의 사람을 만나게 된다. 상식이 없거나 말끝마다 돈을 밝히거나 입을 뗐다 하면 욕설이 튀어나오거나 만날 때마다 남을 험담하거나 상대의 작은 실수에 대해 인격적인 모독을 한다면, 우리는 그런 사람과 더 이상 어울리려고 하지 않는다. 사람으로서 갖추어야 할 품성, 인품이 없다고 생각하기 때문이다. 이런 점에서 공자와 맹자는 사람이 소인의 상태를 벗어나서 대인의 상태로 변해야 한다고 보았다.

상앙, 공자와 맹자가 말하는 방향성은 오늘날 일상에서도 세속화된 양태로 모습을 드러낸다. 언젠가부터 우리 사회는 작은 키가 문제가 되는 것처럼 여기고 광적으로 큰 키를 선호하게 되었다. 남

신발 속의 깔창
깔창이 드러나면 작은 키의 사람을 이해하기보다 웃음의 대상으로 삼는다. 그만큼 우리는 작은 키의 가치를 멸시하는 잔인한 놀이에 익숙하다.

성이라면 적어도 얼마가 되고 여성도 적어도 얼마가 되어야 한다고들 말한다. 이렇게 되면 150~160cm의 키는 단순히 '작은 키'가 아니라 '모자라는 키'로 여겨진다.

이렇게 보면 춘추전국시대에는 사물과 사태의 다양한 특성을 이분법으로 분류하고서 그중 하나의 방향이 절대적 가치를 가지는 것으로 보았다. 이러한 사고는 오늘날에도 여전히 기세를 부리고 있다. 그 결과로 작은 키의 사람은 신발 안에 깔창을 몇 겹으로 넣어서 작지 않게 보이려고 해야 한다. 사람들의 이러한 욕망을 이루어주기 위해 '키 높이는 신발'이 상품으로 출시되기도 한다.

생업과 국력에서도 무조건 규모를 키우려고 하는 움직임을 낳았다. 윤리와 사상에서도 특정한 가치를 절대선으로 간주하고 그 이외의 가치를 배제하고 심지어 탄압하기도 했다. 이러한 탄압의 실례가 바로 이사와 진시황이 서적을 불태우고 살아 있는 학자를 구덩이에 묻는 분서갱유焚書坑儒였다. 또 책의 제작, 학습, 유통 등

이사 묘

진시황과 이사는 자신의 주장을 반대하는
국민을 적으로 몰아 입을 다물게 하거나
목숨까지 빼앗았다. 오늘날에도 반대자의
목소리를 막으려는 이사와 같은 정치인이
적지 않다.

분서갱유

하단 왼쪽은 분서焚書를, 오른쪽은 갱유坑儒를 그리고 있다. 분서갱유는 오늘날 행해지는 인터넷과 언론의 검열처럼 시민의 사상을 탄압하는 대표적인 사건이다.

을 금지하는 협서율挾書律의 시행이다.[37] 노자는 분서갱유와 협서율을 직접 목격하지는 못했다. 하지만 그가 그때까지 살았더라면 특정 가치의 절대화, 일방향의 목적이 바로 분서갱유와 협서율을 낳게 되는 원인이라고 설파했을 것이다.

이제 『노자』의 제2장을 다시 한 번 더 음미해보기로 하자. 서울의 남산은 어디가 앞일까? 궁궐에서 바라보는 쪽이 앞이고 한강에서 바라보는 쪽이 뒤이다. 남산을 바라보는 시선이 그렇게 구조화되었기 때문이다. 하지만 순전히 위치의 기준으로 보면 남산을 바라보는 동서남북이 모두 앞이 될 수 있다. 한쪽이 앞으로 정해지면 그때부터 뒤, 오른쪽과 왼쪽이 정해진다. 이것이 바로 노자의 "앞과 뒤가 서로 뒤따른다"는 전후상수前後相隨이다. 이때 앞과 뒤는 중심과 종속의 관계로 고정되어 있지 않고 상황과 맥락에 따라 중심과 종속의 관계가 끊임없이 재조정되는 것이다.

앞과 뒤의 이러한 관계는 있음과 없음, 길고 짧음, 높고 낮음 등에도 그대로 적용된다. 높음은 낮음이 나아가야 할 유일한 방향도 아니고 절대적 기준도 아니다. 높음과 낮음은 제각각의 가치를 지니고 있으며 상황에 따라 상태도 바뀔 수 있다. 조금 낮은 것은 훨

---

37) 분서갱유는 반인문적인 끔찍한 사건이다. 협서율은 분서갱유보다 덜 알려져 있지만 효과 면에서 분서갱유에 결코 뒤떨어지지 않는다. 민간에서 책을 찾아볼 수 없다는 것 자체가 자연히 인문학의 발전을 가로막을 수밖에 없다. 이런 점에서 협서율은 근현대의 금서 조치보다 더 심각한 결과를 낳았다고 할 수 있다.

씬 낮은 것에 비해 높은 것이 되고, 조금 높은 것은 훨씬 높은 것에 비해 낮은 것이 되기 때문이다.

노자는 이러한 사유 방식을 통해 낮은 것, 적은 것, 작은 것이 높은 것, 많은 것, 큰 것에 비해 어떠한 가치를 가지지 못하는 '무의미한 존재'가 그 자체로 '유의미한 존재'로 바라볼 수 있게 했다. 아울러 높은 것, 많은 것, 큰 것이 낮은 것, 적은 것, 작은 것에 대해 갖는 조롱과 멸시 등의 폭압적 대우가 부당하다는 점을 밝혀냈다.

이로써 우리는 노자가 특정한 가치와 방향을 유일하고 절대적인 것으로 설정하는 것을 반대했다는 점을 이해할 수 있다. 당시 사람을 유일하고 절대적인 가치와 방향으로 몰아가는 것을 발전과 계발이라고 불렀는데, 그것은 유위의 다른 이름인 것이다. 유위의 입장에서 보면 노자는 무방향의 관점이자 다방향의 삶을 제시하고 있다. 이것은 일상과 생업의 관점에서도 이해할 수 있다. 우리는 계획을 세워서 자신을 한쪽으로 몰아가면서 그것을 '발전'과 '성장'으로 생각하다가 계획에 들어맞지 않는 사태를 만난다. 처음에 사태를 계획에 맞추려고 하다가 결국 뜻대로 되지 않자 허무를 느끼고 계획을 내려놓게 된다. 이때부터 일이 잘 풀려가게 된다. 노자는 '유무상생'을 통해 일방향의 일원적 삶이 아니라 다방향의 다원적 삶을 제시하고자 했던 것이다.

오늘날은 가치와 윤리의 모든 측면에서 다원주의 경향이 늘어나고 있다. 보수주의자라고 해도 낙태를 반대하지만 동성애에 찬

성할 수 있고, 진보주의자라고 해도 낙태와 동성애를 모두 반대할 수 있다. 이런 시대 상황에서 노자의 무방향의 관점은 다른 가치를 가진 사람끼리 함께 어울릴 수 있는 가능성을 제공할 수 있다.

도는 포용하고 공존하는 흐름 그 자체

어릴 적에 그리스 신화를 읽을 때 하계를 다스리는 하데스, 바다를 다스리는 포세이돈은 무서운 신으로 보였다. 하지만 내가 신화를 읽으면서 정작 놀란 상대는 그들이 아니라 침대 이야기로 유명한 프로크루스테스Procrustes이다. 그는 아테네 교외의 케피소스 강가에 살며 지나가는 나그네를 집에 재워준다고 초대했다. 그 뒤에 손님을 쇠로 된 침대에 눕히고 나그네의 키가 침대 길이보다 짧으면 다리를 잡아 늘이고, 길면 잘라버렸다. 그의 악행이 영원할 것 같았지만 아테네의 영우 테세우스에게 자신이 했던 것과 똑같은 방식으로 죽임을 당했다.

이 신화로부터 '프로크루스테스의 침대Procrustean bed'라는 말이 생겨나서 널리 알려지게 되었다.[38] 그 말은 다른 사람의 생각을 인정하지 않고 그것을 자신이 세운 일방적인 기준에 억지로 뜯어 맞추려는 고집을 비유하는 뜻으로 쓰인다. '프로크루스테스'가 원래 '늘이는 자' 또는 '두드려서 펴는 자'의 뜻이라는 것을 고려하면 기막히게 들어맞는 작명이라고 할 수 있다.

신화를 읽을 때 자르고 늘이는 구체적인 광경을 상상해보면서 하데스나 포세이돈보다 프로크루스테스가 참으로 잔인하구나라고 생각하곤 했다. 신화는 신화일 뿐이라고 생각할 수 있지만 곰곰이 생각해보면 신화神話는 실제로 인화人話이다. 신화는 신을 통해 인간 세계에 일어날 법한 이야기를 하는 것이다. 그렇다면 프로크루스테스는 사람의 어떤 측면을 말하려고 하는 것일까? 세상 사람들은 다과多寡 중 하나를 기준으로 삼아 다른 하나를 그것에 맞추도록 요구했다. '다'가 기준이면 '과'는 목숨을 걸고 '다'를 닮으려고 해야 한다. 노자의 생각에 따르면 당시 사회는 프로크루스테스와 같은 괴물이 한 명이 아니라 세상에 가득 차 있는 것이다. 이렇게 보면 노자는 테세우스처럼 다과 중 하나를 기준으로 삼는 프로크루스테스의 침대를 부수려고 했던 것이다. 테세우스가 구체적인 괴물 한 명을 대상으로 싸움을 벌였다면 노자는 괴물로 가득 찬 세

---

38) 중국에도 발꿈치를 잘라서 신발에 맞춘다는 『위지』 「명제기」 월지적구刖趾適屨의 고사가 있다. 이렇게 보면 문화권은 달라도 사람은 자기 중심적으로 사고하는 습성을 가지고 있다고 할 수 있다.

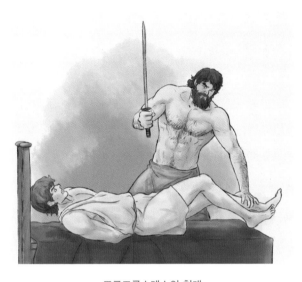

프로크루스테스의 침대

프로크루스테스는 나그네를 초대해놓고 그의 키를 억지로 침대 크기에 맞추려고 했다.

테세우스가 프로크루스테스를 죽이는 장면

프로크루스테스의 이야기는 사실을 사실대로 받아들이지 못하고 자기 입맛대로 변형시키는 사람의 인식을 닮았다. 고정된 인식의 폭력성을 나타낸다. 프로크루스테스는 자신이 했던 방식대로 테세우스에 의해 죽음을 맞이했다.

상 자체와 싸우려고 한 셈이다.

노자는 자연과 사회가 움직이는 방식을 당시 사람들과 다르게 바라보고 있다. 예컨대 길을 살펴보자. 다니기에 오르막이 힘들고 내리막이 편하다. 이에 따라 내리막으로 된 길을 상상해보자. 그 길이 편할 것 같지만 가만히 있어도 몸이 앞으로 쏠리므로 편히 쉴 수도 없다. 실제로 세상에는 오르막으로만 된 길도 없고 내리막으로만 된 길도 없다. 길에는 오르막이 있으면 반드시 내리막이 있는 것이다. 다시 말해서 내리막과 오르막이 상반되는 유형이지만 함께 길을 이루고 있다. 길은 지형의 영향을 받는다. 이때 지형에 따라 오르막과 내리막이 함께 있는 길에서 노자는 상반되는 성질의 공존을 읽어낸 것이다. 예리한 관찰자의 눈을 가졌다고 할 수 있다.

우리가 일(사업)을 하면 성공을 꿈꾸고 실패를 피하려고 한다. 하지만 일(사업)은 개인의 의지만이 아니라 다양한 조건과 상황이 뒤엉켜서 돌아가는 특성을 갖는다. 따라서 성공만을 바라고 실패를 절대로 용인하지 않고 그것을 극력 배제하려고 해보자. 그런 사람은 일(사업)의 흐름을 있는 그대로 바라보지 못하고 자신이 보고 싶은 방향만으로 보게 된다. 성공에 집착하다가 하지 않아도 될 실패를 겪게 된다. 일(사업)에 잘 나갈 때도 있고 못 나갈 때도 있다는 것을 받아들여야 오히려 사태에 유연하게 대처할 수 있다. 노자는 이 사실을 포착하기 위해 거듭된 실패를 경험했을 수도 있고, 역사를 두루 살펴보면서 깨달았을 수도 있다. 사마천이 『사기』「노자한비열전」에서 노자가 주나라 장서실, 즉 도서관을 관리하는 사관史官이었다고 주장했는데, 그것이 전혀 사실무근으로만 보이지 않는다.[39]

노자는 사람이 자연과 사회의 상반되는 성질 중에 어느 하나만을 기준으로 삼아서 다른 모든 것이 그것을 향해 나아갈 수 없다고 생각했다. 오히려 사람은 자연과 사회 현상에서 보이듯 상반되는 성질이 서로를 끌어안고 있다고 보았다. 노자는 이를 "유무상생有無相生, 전후상수前後相隨"[40]처럼 추상적으로 정리했다. 즉 자연과 사회에는 상반되는 성질이 서로 배제하는 것이 아니라 서로 의존하고 맞물려 있다.

이렇게 노자가 추상적으로 표현하기 때문에 '어렵게' 느껴진다. 노자가 무엇을 가리키며 말하는지 도무지 감을 잡을 수 없기 때문이다. 『손자』를 읽으면 구체적인 사실을 두고 이야기하므로 이해하기가 비교적 쉽다. 지금까지 이야기도 구체적으로 말하면 이렇다. 당시 사회는 "돌격, 앞으로!"라고 외치면 모든 사람들이 그쪽을 향해 나아가야 했다. 앞으로 나아가지 않으면 사회 흐름에 반하는 인물이 되는 것이다. 반면 노자는 "돌격, 앞으로!"라고 할 때 그 앞이 과연 생명이 보장되는 그런 곳인지 아니면 그 앞에 가보면 예상과 달리 죽음이 기다리는 곳인지 따져보자는 것이다.

---

39) 사마천, 정범진 외 옮김, 『사기 열전 상』(까치, 1995), 21쪽.

40) 02장 有無相生, 前後相隨.

성벽을 기어오르는 병사

지휘관이 "돌격, 앞으로!"를 외치면 병사들은 오직 앞으로만 나아갈 수 있다. 뒤로 가면 지휘관에게 죽고 앞으로 가면 적의 공격에 죽을 수 있다. 이 병사는 '앞으로 가는 것이 맞는지' 생각하지 못하고 무조건 나아간다. 우리 사회에도 각자의 주장을 심의하지 않고 무조건 "돌격, 앞으로!"를 외치는 목소리가 많다.

노자는 상반되는 성질이 서로 얽혀 있다는 "전후상수" 등의 표현을 다시 한 번 더 추상화시킨다. "돌아가는 것이 도의 움직임이다."[41] 반反은 한 방향으로 나아가다가 방향을 바꾸는 것이다. 반은 이전의 방향과 같은 쪽이 아니라 이전과 다른 쪽으로 나아가는 것

---

41) 40장 反者, 道之動.

이다. 이에 따르면 도는 한 방향으로 쭉 나아가기만 하는 것이 아니라 일정 정도 진행하다가 어느 시점 또는 상황에서 지금까지 진행 방향과 반대되는 쪽으로 움직이는 것이다. 차를 몰 경우 도는 직진 본능으로 앞으로만 나아가는 것이 아니라 때로는 좌회전과 우회전을 포함하고 때로는 유턴을 하는 식이다.

되돌아가며 움직이는 도는 "전후상수"의 주장과 딱 떨어지게 들어맞는다. "앞으로!"로만 돌진하는 것이 아니라 "뒤로!" 돌아가야 할 때가 있다. 돌진만 외치는 사람은 "뒤로" 가는 것이 후퇴이므로 피해야 할 사태로 여긴다. 하지만 노자는 "앞으로!"만 외치는 것이 정확하지도 않고 위험하기 그지없다고 말하고 있다. 이때 돌아가는 도의 움직임은 우리가 흔히 말하는 "바쁠수록 돌아가라!"는 속담과 닮아 보인다. 바쁘다고 자꾸 지름길만을 찾으면 오히려 가지 말아야 할 길에 들어서서 더 늦게 된다. 시간에 쫓겨 길을 가다가 엉뚱한 곳으로 가본 경험이 있는 사람이라면 충분히 이해할 수 있으리라.

이즈음에 이르면 날카로운 독자라면 한 가지 의문이 들 때가 되었다. 독자의 질문을 대신해보면 다음과 같다. "노자가 도道를 강조했다고 말하는데, 도대체 도란 무엇일까?" 우리는 이 질문을 묻기까지 몇 단계를 밟아왔다. 구체적으로 대립되는 현상의 공존도 어려워 보이는데(1단계), 거기에서 "전후상수"(2단계)로, 다시 "전후상수"에서 "반자, 도지동"(3단계)으로, 이제 마지막으로 "반자, 도지동"에서 "도道"(4단계)로 이어지게 되었다.

앞서 말했듯이 노자의 도는 구체적인 현실과 사실에서 3단계를 추상화시켜서 말하고 있으므로 당연히 어렵다고 할 수 있다. 하지만 추상화의 단계를 하나씩 밟아오면 노자가 왜 도를 말하고 무엇이 도인지 분명하게 알아차릴 수 있다. 반면 단계를 제대로 밟지 않으면 도를 오해하기 쉽다. 『노자』에 보면 "도가 만물을 낳다"[42], "도가 하나를 낳는다"[43] 등의 구절이 있다. 이 구절을 보면 우리는 자연스럽게 도와 만물, 도와 일은 낳고 낳는 관계로 생각한다. 즉 도는 무엇을 낳는 주체이고 만물과 일은 도에 의해서 생겨난 1차적 생성물로 여기게 된다. 이런 구분법에 따라 도가 만물의 근원이라거나 세계의 본질이라고 규정하게 된다.

하지만 유명한 『노자』 제1장을 보면 도가 무엇인지 알 수 있다. "말할 수 있는 도는 진정한 도가 아니고, 부를 수 있는 이름은 진정한 이름이 아니다."[44] 제1장은 『노자』 전체의 서문 또는 요지라고 할 정도로 중요한 곳이지만 다소 역설적인 표현으로 인해 난해하기로 유명하다. 여기서 노자는 "도가 a이다"거나 "도가 x이다"라고 규정할 수 없다는 점을 말한다. "도가 a이다"라고 하면 "도가 a가 아니다"거나 "도가 b이다"라고 할 수 있는 가능성이 모두 배제

---

42) 51장 道生之.

43) 42장 道生一.

44) 01장 道可道, 非常道. 名可名, 非常名.

된다. 알다시피 도는 상반되는 성질만이 아니라 그 성질이 가역적으로 일어나는 운동을 다 포괄한다. 따라서 "도가 a이다"라고 하게 되면 그것은 도의 일부를 가리키지 결코 전체를 가리킬 수가 없다.

　사람은 경험하는 대상과 그 대상들로 이루어진 세계를 끊임없이 "x는 무엇이다"라고 규정하려고 한다. 만나는 사람에 대해서도 예외가 아니다. 하지만 남이 나를 '무엇'으로 규정한 이야기를 듣고서 "'그것'은 내가 아니야!"라고 부정할 수 있다. 왜냐하면 남의 규정이 결코 나의 전체를 다 담아내지 못하기 때문이다. 노자는 우리가 도를 통해 자연과 사회의 실상을 만나도록 안내하고 있다. 상반되는 성질이 대립하고 충돌하는 왜곡된 세상이 아니라 상반되는 성질이 공존하는 전체의 실상을 보도록 하는 것이다. 이때 도는 특별한 어떤 것이 아니라, 상반되는 성질이 타자를 배제하지 않고 오히려 포용하여 제3의 것을 낳는 생성의 힘이다.

자연에는 자비가 없다

각종 단체의 최고경영자는 임명직이든 선출직이든 재임 기간이 끝
나면 평가를 받는다. 크게는 성공과 실패의 평가를 받고 자세하게
는 추진한 정책별로 평가를 받는다. 이렇다 보니 요즘 재임 중에
자신의 추진할 정책의 이름을 그럴 듯하게 짓는 데에 관심이 많다.
'창조 경제'나 '문화 융성', '따뜻한 금융'이나 '스마트 혁신'이라는
말이 그렇게 해서 생겨난 말이다. 이러한 개념이 구체적인 업무나
발로 뛰는 현장과의 연계성이 분명하면, 과거와 다른 현재를 이끌
고 미래를 설계하는 청사진이 될 수 있다. 반면 개념과 업무나 현
장의 연계성이 없으면, 전임자와 달라야 한다는 강박관념을 반영
하는 구호일 뿐이다. 청사진은 현재와 미래가 나아갈 식별력 있는

지도를 대신하지만, 구호는 현재와 미래가 더 복잡하게 얽혀서 길을 잃게 만드는 엉터리 지도로 밝혀지게 된다.

철학에서도 마찬가지이다. 철학자 또는 사상가가 죽고 나면 철학사에 남긴 족적으로 평가를 받게 된다. 남이 했던 말을 앵무새처럼 되풀이하고 주석을 달아가며 남의 말을 풀이한 사람은 철학사에 등재되지 못한다. 제 목소리를 낸 사람만이 철학사에 등재되어 빛나는 별이 될 수 있다. 노자도 이미 죽은 사상가인지라 그에 대한 평가가 없을 리가 없다. 노자가 철학사에 남긴 공로를 살펴보면 다음과 같다. 첫째, 세계는 인격적인 하늘天의 명령이 아니라 음陰과 양陽, 앞과 뒤와 같은 상반된 속성의 상보적 작용으로 운행된다. 둘째, 상반된 힘은 개념적으로 구분되지만 작용 면에서 상호 의존한다. 셋째, 상반된 힘의 작용에 어떠한 인격신의 개입이 없다. 넷째, 한정될 수 없는 '무無'의 세계를 발견했다.

앞에서 첫째와 둘째를 살펴보았으므로 앞으로 셋째를 살펴보고자 한다. 사실 2500여 년 전의 자연과학의 지식을 고려하면 유신론이 자연스런 귀결이라고 할 수 있다. 비가 제때에 내리지 않으면 먹고사는 문제가 위기에 처하고, 언제 강력한 외적이 공동체에 쳐들어올지 몰랐다. 이런 상황에서 날씨를 주관하고 운명을 주관하는 신이 있다면, 사람은 그 존재를 숭배하며 현재의 위기를 극복하고 미래의 불안을 잠재울 수 있다. 세계의 문화사를 보면 인류 초기에는 보편적으로 다신교 현상이 나타나다가 나중에 신의 위격을

은나라 갑골문자

거북 등껍질의 불규칙한 무늬는 쉽게 알 수 없는 신의 뜻이 나타내는 향방으로 간주되었으리라. 은나라 사람은 일을 결정할 때 그 무늬에 따랐다. 갑골문자는 점을 치고 일을 한 뒤 결과를 적은 문자를 가리킨다.

정리하면서 만신전萬神殿 형태로 남은 경우도 있고, 유일신으로 변화한 경우도 있다.

중국의 경우 은殷나라는 날씨, 수확, 전쟁 등과 관련해서 사람이 지력으로 답을 찾지 못했다. 그들은 거북의 껍질을 불에 달구어 갈라진 무늬를 통해 신, 즉 조상신과 상제上帝의 뜻을 읽어내고자 했다. 은나라를 무너뜨린 주周나라는 상제의 호칭을 여전히 쓰면서 천天을 신의 이름으로 사용했다. 천에서 '천의 아들'을 뜻하는 천자天子라는 흥미로운 개념이 생겨났다.

이제 천은 직접 모습을 드러내서 세계를 이끌어가지 않지만 적어도 지상 세계에 한해 천자에게 통치권을 위임한다는 사고가 생겨났다. 상제든 천(천자)이든 의지가 있으므로 지상의 사람들이 따라야 할 방향을 제시했다. 따라서 인류의 초기 역사에서 지배자들은 늘 상제나 천의 이름을 빌려서 자기 언행의 정당성을 역설했다. 춘추전국시대에 이르러 하극상이 일어나고 자연재해가 빈번하게 일어나면서 천은 현실의 규제로부터 더욱 멀어졌다.

이러한 상황에서 노자는 통념으로 남아 있던 세계를 신적 존재와 연결시켜 바라보는 시각에 통렬하게 반대했다. 대신 그는 하늘과 땅을 풀무와 같다고 보았다.

"천지는 아무것도 사랑하지 않는다. 만물을 추구로 여길 뿐이다."[45]

추구芻狗는 옛날 중국에서 제사 지낼 짚이나 풀로 만든 강아지를 말한다. 제사 지낼 때는 의례용으로 소중하게 여기지만 제사가 끝나면 내다 버린다. 추구는 필요할 때 찾고 쓸 일이 없으면 버리는 물건을 가리킨다. 과거에 사람들은 하늘이 농사를 위해 제때 비를 내리고 땅이 곡물을 잘 자라도록 해준다고 생각하여 천지를 만물을 길러주는 어버이와 같은 존재로 생각했다. 하지만 노자는 천

---

45) 05장 天地不仁, 以萬物爲芻狗.

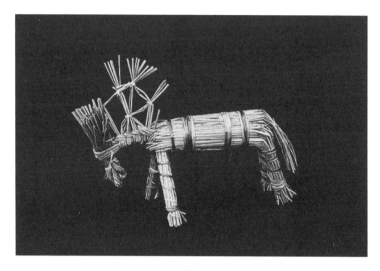

추구

긴 시간을 단위로 보면 사람도 추구이다. 제사 지낼 때 추구가 짧은 시간 동안에 제 기능을 한다면 살아 있을 때 사람도 제 노릇을 하는 것이다. 원래 추구의 신세를 벗어날 수 없으면서 벗어나려고 하니 유위의 문제가 생기는 것이다.

지가 어버이가 자식을 사랑하는 것과 같은 애정이 털끝만큼도 없다고 말했다. 천지가 만물을 추구로 본다는 것은 만물이 어떻게 되더라도 감 놔라 배 놔라는 식으로 간여할 수 없다는 점을 말한다.

특히 공자는 성인聖人이 세상의 모든 문제를 풀어가는 핵심 인물이라고 보았다. 성인은 세상의 백성이 처한 어려움을 해결하기 위해 발 벗고 나설 정도로 백성을 사랑하는 마음이 두터운 사람이다. 하지만 노자는 같은 '성인'이란 말을 쓰면서도 공자처럼 생각하지 않았다. 성인도 천지와 마찬가지로 만물을 사랑하는 마음을

가지고 있지 않다고 보았다.[46]

천지불인과 성인불인의 선언만으로도 사람들이 대대로 생각해 오던 사고의 관행을 정면으로 해체시켜버렸다. 천지와 성인이 특별한 능력을 가지고 있고 그 능력으로 세상의 모든 존재를 보살폈고, 대신에 사람은 천지와 성인에게 특별한 권위를 부여하여 제사도 지내고 존경했다. 노자는 천지와 성인이 그런 사랑의 마음을 품고 있지 않다고 선언해버렸다.

이에 대해 노자는 별다른 근거를 제시하지 않았다. 하지만 그는 이렇게 말할 것이다. 천지와 성인이 만물을 사랑하는 마음이 있다고 한다면, 지금 돌아가는 세상을 봐라! 사랑한다면 이렇게 되도록 내버려두지 않았을 것이다. 이렇게 보면 노자는 『시경』에 나오는 하늘을 원망하는 원천시怨天詩를 잇는다고 할 수 있다. 사람이 일을 하다하다 뜻대로 되지 않으면 좌절하고서 자신의 부모를 원망한다. "자신이 겪는 모든 문제는 부모가 자신을 낳은 데에 있다"고 생각하기 때문이다. 세상의 혼란이 해결되지 않는 것을 하늘 탓으로 돌리는 것이 원천시이다.

그런데 노자는 원망만 하지 않았다. 바로 이 지점에서 노자는 원천시의 정신을 잇고 있지만 그것으로부터 한 걸음 더 앞으로 나아간다고 할 수 있다. 노자는 "하늘과 땅의 사이를 대장간에서 쇠

---

46) 05장 聖人不仁, 以百姓爲芻狗.

김홍도, 「대장간도」

단단한 쇠도 불에 의해 흐물흐물해질 수 있다. 김홍도의 그림에서 분업 체계를 갖춘 노동 과정을 엿볼 수 있다.

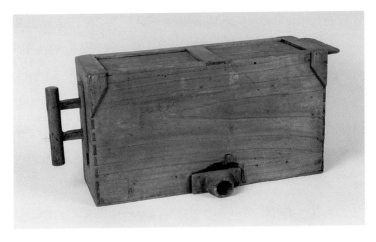

풀무

풀무로 화로에 공기를 불어넣어 불의 세기를 조절할 수 있다. 풀무 속에 바람이 없지만 풀무를 움직이면 바람이 생긴다. 노자는 이러한 풀무의 작용이 자연을 닮았다고 생각했다.

를 달구거나 또는 녹이기 위하여 화덕에 뜨거운 공기를 불어넣는 기구인 풀무랑 닮았다"고 보았다.[47] 우리는 길을 가다가 계단 사이 좁은 틈에 풀이 자라는 걸 보곤 한다. 풀의 씨앗은 바람이 실어온 것이다. 풀무 비유는 바로 이처럼 하늘과 땅 사이에 바람이 불어서 씨앗을 옮기고 그 씨앗이 적절한 조건을 만나 싹을 틔우는 경험을 반영하고 있다.

하늘과 땅 사이는 풀무마냥 텅 비어 있지만 "바람이 끊임없이

47) 05장 天地之間, 其猶橐籥乎!

불고 움직이면 움직일수록 더 많이 생겨난다."[48] 풀무는 공기를 불어넣어 화로의 온도를 높여 쇠를 녹여서 새로운 산물을 만들어낸다. 천지 사이에도 끊임없는 바람이 불어서 만물이 자주 생겨난다. 이 바람은 훗날 생명의 탄생과 죽음을 설명하는 기氣의 선구적 형태라고 할 수 있다. 이렇게 보면 노자는 만물의 생성과 세계의 운행을 천지의 신이나 성인에게 돌리지 않고 풀무와 같은 천지 사이에 끊임없이 부는 바람(기)의 작용으로 설명하고 있다. 『시경』의 원천시는 천의 권위를 회의하는 상태에 머무르고 있지만 노자는 그 권위를 부정하고 대안으로 풀무와 바람(기)을 내놓고 있다.

사람도 인지가 덜 발달한 단계에서 사물과 사건의 인과 관계를 제대로 파악하지 못한다. 예컨대 반려견이 죽었는데 수명에 대한 사고가 없으면 자신이 잘못한 것으로 생각한다. 또 사물의 작용을 초자연적인 존재의 개입으로 설명하려고 한다. 사람이 성인이 되더라도 불행을 반복해서 겪으면 자신을 힘들게 하는 어떤 존재나 운수가 있다고 생각하게 된다.

2500여 년 전의 인물임에도 불구하고 노자는 인격천의 사고로부터 훌쩍 뛰어넘고 있다. 그는 자연현상을 오늘날처럼 과학적인 언어로 설명하지 못하지만 물리적인 과정으로 설명하려는 통찰을 보여주고 있다. 그만큼 노자는 당시의 다른 어떤 사상가보다도 과

---

48) 05장 虛而不屈, 動而愈出.

학적인 사고를 했던 인물이라고 할 수 있다. 그렇기 때문에 고대에 살면서도 신적 위력을 부정하고서도 두려워하지 않을 수 있었던 것이다. 이것은 다음에 살펴보겠지만 노자가 사람들을 무지한 우민愚民으로 만들려고 했다는 혐의와 정반대되는 주장이다.

환경이 급속하게 바뀔 때 사람의 지성이 그 변화를 따라가지 못하면, 사람은 비과학적 사고에 대한 경계가 느슨해진다. 평소에 그렇게 합리적인 사람도 검증되지 않은 용한 이야기에 솔깃해진다. 이것은 2500여 전에 노자가 넘어서려고 했던 사고이다. 노자는 담백하게 말한다. "세상에는 보이지 않는 신이란 없어. 세상은 외부의 원인 없이 그냥 내부 힘의 상호 작용에 의해 저절로 그렇게 움직이는 거야." 이것이 바로 도법자연道法自然의 세계이다.

유는 무에서 생겨난다

철학을 전공하면 '존재론Ontology'이란 수업을 듣게 된다. 이름부터 거창해서 사람의 기를 꽉 죽여놓는다. 그리스어로 '온톨로지'는 '있음'의 학문이라는 뜻이다. 이렇게 말해보면 있음을 다루는 존재론이 좀 말랑말랑해진다. 우리는 늘 있는 것을 가지고 놀고 먹고 입고 일하고 있으니 그것에 자연히 친숙할 수밖에 없다. 사실 우리가 있음의 학문에 관심을 두는 것은 당연하다. 없음의 학문을 말할 수 없으니까. 이를 좀 더 어려운 말로 바꾸면 동일률law of identity 이라고 한다. 존재하는 것은 존재하는 것이고 존재하지 않는 것은 존재하지 않는 것이다.

그런데 노자가 무無의 세계를 발견했다고 하면 앞에서 말한 상식과 달라 처음에는 약간 어안이 벙벙해진다. 도대체 "없다는 것을 어떻게 발견한다는 말인가?"라는 의구심을 나타낼 만하다. 여기서 노자가 말하는 무가 무엇인지부터 이야기를 해야겠다. 그렇지 않으면 이야기가 더 복잡하게 꼬일 수 있기 때문이다.

먼저 유有를 알아보자. 유는 특정한 형태를 띠며 세상에 존재하는 사물을 가리킨다. 길쭉한 붓은 원통의 붓통에다 짐승의 털이 달려 있는 모양으로 되어 있다. 원통 부분은 다른 모양으로 바뀔 수 있지만 앞쪽에 털이 달린 부분이 없으면 붓이 붓으로 작용할 수 없다. 자, 이제 생각해보자. 붓이 붓으로 기능하려면 다른 모양이 아니라 꼭 그러한 꼴로 되어야 하는 것이다.

또 굴러가는 공을 상상해보라. 별별 모양의 공이 있을 수 있지만 원형이 아닌 공은 공으로서 기능할 수가 없다. 또 숟가락을 상상해보라. 입 안으로 들어갈 적정한 크기로 만들어져야 한다. 입보다 큰 숟가락을 만들 수는 있지만 떠먹는 숟가락으로 쓸 수가 없다. 학교버스나 도로 중앙선은 노란색으로 칠해져 있다. 다른 색깔보다 눈에 훨씬 잘 띄기 때문이다.

이렇게 보면 하나하나의 사물은 다른 것과 구별되는 색깔, 크기, 모양을 가지고 있다. 노란색이지 빨간색이 아닌 어떤 한 색, 네모이지 둥근 것이 아닌 한 가지 모양, 크거나 작은 것이 아니라 알맞은 크기가 갖추어져야 사물은 사물로서 제 기능을 할 수 있다. 요약하면 사물은 색깔, 크기, 모양에서 어떤 것으로 한정(제한)되기 때문에 다른 것과 구별되는 특징을 가지게 되고, 또 그 특징으로 인해 주목받을 수 있다.

춘추전국시대의 사람들은 부국강병을 통해 다른 나라 사람보다 강한 존재가 되려고 했다. 이를 가능하게 하려면 유의 세계를 더 많이 가져야 했다. 이런 주장을 펼친 대표적인 인물로 묵자를 들 수 있다. 그는 영토, 무기, 식량, 군사, 물자 등이 유의 대표적인 실례라고 보았다. 그래서 추상적인 가치보다 유를 더 많이 가지면 가질수록 현실의 문제를 풀 수 있다고 생각했다. 오늘날 자본주의 상황이라면 유를 자본으로 바꿔서 생각할 수 있다. 개인이든 기업이든 국가든 지금보다 더 나은 상태를 꿈꾸려고 하면 기본적으로 자본을 가지고 있어야 한다. 그래서 자본의 증식이 중요한 목표가 되는 것이다.

노자는 이처럼 너도나도 유를 극대화하려는 상황에 정면으로 맞서고자 했다. "과연 유를 극대화하려면 유를 모으기만 하면 되는가?" 당시 대부분의 사상가들은 그렇다고 생각했다. 이러한 현상은 서양 근대에 등장한 '과학적 사고'에서도 찾아볼 수 있다. 근대 과학은 눈으로 볼 수 있고 양으로 측정할 수 있는 것만이 학문의 주제가 되었다. 계량화가 되지 않으면 있어도 없는 것이 되었다.

노자는 유가 절대적인 것이 아니라 무에 의존해서 존재한다는 사실을 알려주고자 했다. 그는 11장에서 바퀴살과 바퀴통, 찰흙과 그릇, 창과 문 그리고 방 등 세 가지 실례를 들어서 무가 유보다 더

산둥성 린쯔臨緇의
고차박물관古車博物館과
동주순마갱東周殉馬坑의
수레 바퀴살과 바퀴통

지금은 멈춰선 모습이지만 금방이라
도 땅을 들썩거리며 수레가 앞으로 나
아갈 듯하다. 노자는 수레를 보고 재
화의 운송이 아니라 무와 유의 관계를
읽어냈다.

근원적이라는 것을 말했다.

"삼십 개의 바큇살이 하나의 곡(바퀴통)에 모인다. 빈틈을 내버려두
므로 수레의 기능이 있게 된다."[49]

'곡'의 생김새가 쉽게 연상되지 않으면 자전거의 바큇살이 어
떻게 한곳에 모여서 굴러가는지를 생각해보라. 바큇살의 개수와
재질이 다를 뿐 곡과 자전거의 기본 구조와 원리는 같기 때문이다.
노자는 자신의 말을 이해하지 못하는 사람을 위해 좀 더 구체
적인 사례를 제시했다.

"찰흙을 빚어 그릇을 만든다. 빈틈을 내버려두므로 그릇의 기능이 있
게 된다."[50]

빈틈이 없는 꽉 막힌 그릇을 상상해보라. 그런 그릇을 만들 수
는 있지만 쓸모가 없다. 그런 그릇에다 무엇을 담으려고 부으면 곧
바로 그릇 밖으로 흘러나오지 안에 담기지 않는다. 그릇 안에 담으
려고 하면 그릇 안이 비어 있어야 한다. 그릇은 다양한 재료로 만

---

49) 11장 三十輻共一轂, 當其無, 有車之用.
50) 11장 埏埴以爲器, 當其無, 有器之用.

들어져서 일정한 모양을 갖추고 있다. 그 모양은 물건을 담을 수 있는 바깥의 테두리에 해당되는 셈이다. 이 테두리를 제외하고 나머지는 부분은 차 있지 않고 비어 있어야 한다. 비어 있기 때문에 다른 것을 받아들일 수 있는 것이다.

노자는 마지막으로 한 가지 실례를 더 들고 있다. "문과 창을 내어 방을 만든다. 빈 곳을 내버려두므로 방의 기능이 있게 된다."[51] 안이 꽉 차 있는 그릇이 아니라 텅 빈 그릇을 상상할 수 있다면 안이 텅 빈 방을 쉽게 상상할 수 있을 것이다. 벽은 벽으로 기능하기 위해 꽉 차 있어야 하지만 방이 방으로 기능하려면 사방의 벽을 제외하고 실내는 텅 비어 있어야 한다.

이렇게 바큇살과 바퀴통, 찰흙과 그릇, 창과 문 그리고 방의 실례를 제시한 뒤에 노자는 다음과 같은 결론을 내렸다. "그러므로 유(있음)는 기능의 이로움을 만들어주고, 무(없음)는 쓰임의 기능을 만들어낸다."[52] 이제 이 말의 의미는 그렇게 어렵지 않게 다가온다. 유는 특정한 꼴을 지니고 있으므로 담거나 마시거나 입는 이로움을 가져다준다. 무는 유의 그러한 이로움이 생길 수 있는 바탕을 마련해준다.

노자는 이러한 논의를 하고 난 뒤에 다시 추상화시켜서 간명하

---

51) 11장 鑿戶牖以爲室, 當其無, 有室之用.

52) 11장 故有之以爲利, 無之以爲用.

장자와 혜시

장자와 혜시는 절친 사이이다. 『장자』에서 혜시는 장자의 사유를 끌어가는 대화의 파트너로 나온다.

게 정리하는 버릇이 있다. 그는 40장에서 간명하게 "세상의 만물은 모두 유에서 생기고, 또 유는 무에서 생겨난다"[53]라고 말했다. 여기서 생겨난다는 말을 창조한다는 뜻으로 이해해서는 안 된다. 생겨난다는 말은 바탕을 두고 있다거나 연원한다는 뜻이다. 즉 세상의 만물은 각양각색으로 다르지만 결국 일정한 꼴을 지니고 있다는 점에서 유에 바탕을 두고 있고, 그 유는 다시 꽉 채워지지 않는 여백의 무에 바탕을 두고 있는 것이다.

　노자의 무 이야기가 어렵게 느껴진다면 장자와 혜시의 이야기

---

53) 40장 天下萬物生於有, 有生於無.

를 통해 이해의 길을 찾을 수 있다. 혜시惠施는 위魏나라 왕으로부터 큰 박씨를 선물로 받았다. 그가 박씨를 땅에 심었더니 그 씨가 무럭무럭 자라서 웬만한 물통만 한 크기의 열매가 열렸다. 혜시는 다 자란 박의 용도를 이리저리 생각해봤다. 물에 띄우자니 무거워서 가라앉을 것 같고 물건을 담을 그릇으로 쓰자니 바닥이 납작해서 담을 수가 없었다. 이 생각 저 생각 하다가 결국 "쓸모없다"는 결론을 내리고 박을 부숴버렸다.

혜시는 장자를 만나서 저간의 사정을 이야기했다. 장자는 "당신은 참으로 큰 것을 쓰는 데에 솜씨가 없군요!"[54]라고 말했다. 그러면서 송나라에서 사시사철 물일을 해도 손이 트지 않는 약을 가진 사람의 이야기를 했다. 나그네가 이 약 이야기를 듣고서 큰 돈을 줄 터이니 그 기술을 팔라고 했다. 그 나그네는 비법을 사서 오나라 수군을 거느리는 장군이 되어 출세를 했다. 원래 그 기술을 가진 사람은 대대로 물일을 했던 것과 대조가 된다. 장자는 혜시에게 왜 그 박의 속을 파내서 술통 모양의 배를 만들어 강과 호수에서 노닐 생각을 하지 못하느냐고 말했다.

큰 박은 혜시의 세계에서 어떤 용도를 가진 것으로 인식되지 않는다. 따라서 쓸모없는 것이 된다. 반면 장자는 커서 쓸모없는 것이 아니라 배를 만들 수 있다고 보았다. 혜시는 커다란 박을 유라는 틀

---

54) 『장자』 「소요유」 夫子固拙於用大矣!

에 가두어놓고서 용도를 생각하려고 하니까 그 길을 찾을 수 없었다. 장자는 속이 꽉 차 있는 박을 파내서 무의 공간을 만들어내서 혜시가 전혀 생각하지 못하는 용도를 찾아냈던 것이다.

우리도 생업의 길을 찾으면서 구체적인 물질의 유에 갇혀 있기 때문에 그 유를 가능하게 하는 무의 세계를 바라보지 못한다. 즉 작은 것에 아옹다옹 다투느라 큰 틀을 보지 못하는 어리석음에 갇힌 것이다. 이렇게 보면 무는 어떤 특정한 것으로 한정되지 않는 무한정자apeiron라고 할 수 있다. 노자는 이 무한정자를 만나는 즐거운 추상의 길을 찾아낸 것이다.

대장부와 좀생원이 다른 이유

아이를 데리고 여름철 바닷가에 놀러 가면 빼놓지 않고 하는 놀이가 있다. 모래성을 쌓는 놀이이다. 모래성을 쌓아놓으면 파도가 몰려와서 성을 허물어뜨린다. 더 높이 쌓으면 모래성이 무너지지 않을까 생각하지만 파도가 밀려오면 모래성은 여지없이 허물어진다. 아무리 높이 쌓으려고 해도 파도로 인해 무너지는 속도를 이겨내기가 어렵다.

아이의 시각에서 보면 쌓았다가 허물어지는 것 자체도 재미가 있으므로 모래성 쌓기 놀이를 하게 되는 것이다. 어른의 시각에서 보면 파도와 씨름하며 모래성을 쌓아도 금세 허물어지는 놀이에 쉽게 지치게 된다. 더 이상 재미를 느끼지 못하고 모래성 쌓기를 그만두게 된다. 이러한 놀이는 재미를 느끼면 그것으로 충분하지 꼭 무엇을 이루어야 하는 것은 없다. 그래서 사람은 자신이 하는 여러 가지 활동 중에 놀이를 편안하게 느끼는 것이다.

반면 사람은 자신이 하는 활동 중에 좋아서 하려는 경우도 있지만 싫어서 피하려고 하는 경우도 있다. 예컨대 사랑하는 사람과의 데이트가 있으면 콧노래를 부르며 약속 장소로 달려가겠지만, 심부름을 해야 한다면 툴툴거리며 대문을 나설 수 있다. 또 거짓말을 다들 나쁘다고 생각하지만 인생을 살다 보면 모든 일을 사실대로 말한다는 것이 무척 어렵다는 것을 알게 된다. 세금을 많이 거두면 소득 재분배 효과를 볼 수 있다는 것을 알지만 정작 증세를 한다고 하면 반대한다. 국방의 의무를 지켜야 한다고 하지만 막상 내가 갈 상황이 되면 입대가 힘겹게 느껴진다.

따라서 우리는 놀이처럼 즐거운 상황을 좋아하고 의무와 규칙처럼 하기 싫어도 해야 하는 상황을 부담스러워한다. 여기서 우리는 놀이와 규칙에 대해 두 가지 선택지를 생각할 수 있다. 첫째, 즐거움을 우선시하는 입장이다. 놀이이든 규칙이든 사람을 힘들게 해서는 안 된다.(행복 중심적 사고) 둘째, 규칙의 권위를 중시하는 입장이다. 여러 사람이 살려면 '내가 좋아하는 것'만 할 수 없고 서로를 위해 배려해야 한다.(규칙 중심적 사고)

춘추전국시대는 종족 중심의 사회 유대가 허물어지고 약육강식의 대립이 심화되던 시대였다. 지배층은 멸망을 피하려면 국력을 키워야 했고, 이를 위해 백성들에게 중앙집권적 국가의 강화에 어울리는 새로운 의무와 권리의 목록을 제시했다. 묵자와 상앙은 귀족 중심이 아니라 모든 사람들이 따를 수 있는 객관적이며 서로에게 이익을 가져다주는 호혜적인 규범을 제시하고, 그에 따라 신상필벌信賞必罰을 확실하게 실시하고자 했다. 공자는 이해관계에만 집중하면 개인과 개인의 갈등, 국가와 국가의 대립을 줄이지 못하고 더 키울 수밖에 없다고 보았다. 그는 사람들이 먼저 정의, 배려, 고상함 등의 공통의 가치를 내면화시키고서 생산 활동을 해야 한다고 주장했다.

이들은 목표와 방법을 달리하지만 사람들이 개인적으로 싫고 좋음을 떠나서 공동의 규칙을 지켜야 한다고 요구하는 점에서 같다. 사람들은 국가 발전의 논리이든 사람다움의 가치이든 공동의 규칙을 준수하고 존중해야 하는 새로운 책임을 떠안아야 했다. 그 결과 사람들은 책임을 실행하는 만큼 개인적으로 이익을 얻고 전체적으로 국가 발전에 기여하거나 미성숙한 사람에서 성숙한 사람으로 탈바꿈하게 된다.

시대가 사람들에게 규칙의 준수를 요구하는 것이 일반화되고 있는 상황에서 노자는 일반 규칙의 폭력성 또는 반인간성을 제기했다. 예컨대 군대에서 하급자가 상급자에게 인사하는 예절을 떠올려보라. 하급자는 상급자를 보면 즉시 거수경례를 하고 상급자가 볼 때까지 그 자세를 유지한다. 하급자는 언제 어디서 상급자가

군인이 부동의 자세로 경례하는 모습

신병은 때와 장소를 가리지 않고 상급자를 보면 큰 소리로 '충성'을 외치며 거수경례를 한다. 이러한 경례는 군대에서 절도 있는 행동으로 보이겠지만 시민의 눈에는 부자연스럽게 보인다. 거수경례만 잘하면 병영이 상하질서를 잘 유지할까!

나타날지 몰라 긴장하게 된다. 실제로 손과 얼굴의 거리, 손의 각도, 목소리의 크기와 박력 등 군대 예절이 몸에 배려면 시간이 걸린다. 하나라도 어색하면 조교나 상급자로부터 불호령이 떨어진다. 특히 신병교육대 조교들은 훈련병들의 거수경례 자세를 바로잡기 위해 하나하나 세세하게 지적한다.

노자도 이러한 상황을 목격하고 그것이 얼마나 비인간적인지 비판했다. 예절을 문명화의 징표로 생각하는 사람은 스스로 행동하나하나 예절을 지키려고 노력하고 다른 사람들도 그렇게 하기를 요구한다. 다른 사람이 예절을 따르지 않으면 그냥 내버려두지 않고 자신의 팔을 걷어붙이고서 상대의 팔을 비틀어서라도 예절대로 움직이게 하려고 한다.[55] 이렇게 되면 사람들은 반가워서 인사하고 흥겨워서 어울리는 것이 아니라 틀에 맞추어서 인사하고 상황에 따라 연기하게 된다.

그래서 노자는 예절은 정성과 믿음이 사라지면서 생겨나고 사람 사이가 어지러워지는 시작이라고 비판했다.[56] 예가 마음에서 우러나는 것이 아니라 하지 않으면 안 되기에 강압적으로 실행하게 된다는 것이다. 우리는 오랜 친구 사이에는 굳이 예절을 따지지 않고도 우정을 가꾼다. 오히려 예절을 따지고 격식을 차리면 사이가 어색해진다. 반면 사업이나 공식 관계로 만날 경우 우리는 상대가 예절을 지키지 않으면 무례하다고 화를 낸다. 하지만 예절을 깍듯하게 잘 지킬수록 상대는 허물없는 친구처럼 진실하게 느끼지 않고 오히려 가식적으로 느낄 수 있다.

노자는 예절과 희생을 비롯하여 규칙을 중시하는 흐름이 사람을 문명인으로 만드는 길이 아니라 소박하고 수더분한 품성을 망치는 반인간화의 길이라고 보았다. 반가우면 몸을 껴안을 수도 있

---

55) 38장 上禮爲之而莫之應, 則攘臂而扔之.
56) 38장 夫禮者, 忠信之薄, 而亂之首.

고 볼을 비빌 수도 있지 꼭 고개를 얼마나 숙이고 손을 포개야 하는 것이 아니기 때문이다. 노자는 이를 바탕으로 한층 더 추상적인 결론을 내린다. 첫째, 소박한 도리가 사라지자 품성을 찾기 시작했고, 순수한 품성이 사라지자 사랑을 찾기 시작하고, 따뜻한 사랑이 사라지자 정의를 찾기 시작했고, 엄격한 정의가 사라지자 까다로운 예절을 찾기 시작했다.[57] 따라서 예절을 들먹이게 된 것은 최후의 방편이지 최고의 가치가 아니다.

둘째, 품성[德]에도 차이가 있다. 품성이 높으면 도리어 품성이 없는 사람처럼 엉뚱하게 보이지만 실제로 품성을 갖추고 있다. 반면 품성이 낮으면 품성을 잃지 않으려고 아등바등하다 보니 실제로 품성을 지키지 못한다.[58] 소비자 고발이나 민원이 생기면 말단은 규정을 기계적으로 적용하려고 하기 때문에 "어쩔 수 없다"라는 말을 반복한다. 반면 직급이 높으면 가능한 방법을 찾으려고 한다. 말단은 재량권이 없으므로 규정에 얽매이니 상황을 기계처럼 판단하게 되지만 상급자는 폭넓은 재량권을 가지고 있으므로 상황을 융통성 있게 처리할 수 있다. 그 결과 말단은 규정을 지키려고 하다가 규정의 노예가 되는 반면 상급자는 규정을 어기는 듯하지만 규정을 생기 있게 만든다.

---

57) 38장 失道而後德, 失德而後仁, 失仁而後義, 失義而後禮.

58) 38장 上德不德, 是以有德. 下德不失德, 是以不德.

노자는 춘추전국시대가 규정을 과도하게 강조하면서 사람들이 하나같이 좀생원처럼 꽉 막히게 되었다고 보았다. 그는 사람이 얄팍함보다는 두터움, 거품보다는 내실을 살리는 대장부大丈夫가 되어야 한다고 주장했다. 얄팍하고 거품을 내뿜는 사람이 아니라 두텁고 내실이 꽉 찬 대장부가 되려면 어떻게 해야 할까?

노자는 두 가지 길을 제시하고 있다. 첫째, 뛰어남과 지혜, 사랑과 정의, 교묘함과 이익처럼 모든 사람이 따라야 할 가치나 나아가야 할 방향을 내걸지 말아야 한다. 그것이 생기게 되면 사람들은 그쪽으로 가지 않으면서 가는 척하게 되고 바라지 않으면서 바라는 듯 속이기 때문이다. 오히려 특정 가치를 내세우지 않으면 사람들은 각자 자신의 길을 찾아서 다른 사람의 것에 관심을 두지 않게 된다.[59]

둘째, 따스함, 소박함 그리고 앞서려고 까불지 않는 자세의 세 가지 보물, 즉 삼보三寶이다.[60] 삼보는 시대가 요구하는 날카로움, 화려함 그리고 뒤처지지 않으려는 악착스러운 자세와 대비된다. 특정한 가치를 지키려면 날카로움으로 무장하여 악착스러움을 드러내야 화려해질 수 있다. 노자는 시대가 요구하는 가치는 사람을 병기로 만들지만 자신을 지키지 못하므로 보물이 될 수 없다는 것

---

59) 19장 絕聖棄智, 民利百倍, 絕仁棄義, 民復孝慈, 絕巧棄利, 盜賊無有.

60) 57장 天下多忌諱, 而民彌貧, 民多利器, 國家滋昏, 人多伎巧, 奇物滋起, 法令滋彰, 盜賊多有, 故聖人云, 我無爲而民自化, 我好靜而民自正, 我無事而民自富, 我無欲而民自樸.

을 밝혔다.

　이렇게 보면 노자는 규칙을 내세우는 시대가 사람을 점점 기계로 만들고 사람은 규칙 앞에 벌벌 떠는 좀생원으로 변해가는 현상을 쓸쓸하게 지켜보았다. 그는 사람이 시키면 시키는 대로 하는 기계가 아니라 스스로 길을 찾는 대장부라는 점을 상기시키고 있다. 대장부는 사회의 기준에 의해 재단된 깔끔한 재료가 아니라 수많은 가능성을 가진 통나무와 같은 인물이다.

무지무욕은 우민화가 아니다

부모가 집을 비우게 되거나 다 큰 자식이 해외여행을 떠나려고 하면 이 시대의 부모들은 대체로 두 가지 반응을 보인다. 하나는 '안달복달'의 걱정형이다. 외출해서는 수시로 전화를 걸어 "밥을 먹었느냐?", "무슨 일이 없느냐?"라고 확인한다. 해외여행을 떠나 제때에 연락이 오지 않으면 안절부절 못한다. 특히 '납치'니 '테러'라는 뉴스가 나오면 자식더러 당장 귀국하라고 아우성을 친다. 다른 하나는 '천하태평'의 방임형이다. 외출해서는 자유를 즐기라며 자식들에게 신경을 쓰지 않는다. 해외여행을 떠나면 오히려 전화를 자주 하지 말라고 한다. 자식들이 다 컸으니 무슨 일이 생겨도 알아서 잘 대처하리라 믿으며 자식 일에 끼어들려고 하지 않는다. 똑같은 부모이지만 자식을 키우는 방식이 다른 것이다.

걱정형과 방임형은 조직을 이끌어가거나 작전과 계획을 짤 때도 그 모습이 아주 판이하다. 이러한 두 유형은 공자와 묵자나 노자와 장자의 성인聖人을 이해할 때도 큰 도움을 준다. 노자와 장자는 인륜을 모르는 백성을 계몽시켜서 사람다운 사람을 만들려는 성인을 부정한다. 그러니 노자와 장자의 책에 성인, 후왕侯王 등의 용어가 나오면 다소 낯설게 보인다. 얼핏 생각하면 "뭔가 잘못되지 않았을까?"라는 의구심이 생길 수 있다. 책을 읽으며 그런 생각을 했다면, 노자와 장자의 사상을 어느 정도 제대로 이해했다고 할 수 있다.

그렇다면 노자와 장자는 왜 독자의 오해를 받을 수 있는 '성인'과 같은 계몽 군주나 개명開明 군주를 말했을까? 아예 처음부터 다른 말을 쓰면 오해를 받지 않을 터인데 왜 그랬을까? 노자는 분명히 공자나 묵자와 마찬가지로 '성인'이라는 말을 쓴다. 하지만 노자는 같은 말을 공자나 묵자와는 전혀 다른 뜻으로 쓰고 있다. 같은 말이라도 아 다르고 어 다르다고 하듯이 사람마다 같은 말을 쓰더라도 얼마든지 다른 뜻으로 쓸 수 있다. 단지 글자가 같다는 사실에 주목해서 뭔가 대단한 잘못을 한 것처럼 생각한다면, 그것이 바로 노자를 이해하지 않고 오해하는 길이라고 할 수 있다.

공자는 성인을 철저하게 뭐가 뭔지를 모르는 사람을 깨우치는 계몽의 주체로 본다. 노자는 사람이 특정한 한 방향을 향해 나아가는 것을 선善이 아니라 폭력이라고 본다. 따라서 노자의 성인도

공자

공자에 따르면 성인은 모든 사람들의 기준을
제시하는 위인이다. 그의 성인은 사람이면서도
사람을 초월한 특성을 갖는다.

"자, 나를 따르라!"라고 외치는 돌격형 인물일 수가 없다.

> "세상에 이것 하지 마라, 저것 하지 마라는 금기가 많으면 많을수록
> 백성들이 더더욱 가난해진다. 사람들 사이에 날카로운 무기가 많으면
> 많을수록 국가는 더더욱 혼란스러워진다. 사람들 사이에 기교가 늘어
> 나면 늘어날수록 이상한 것이 더더욱 많아진다. 법령이 복잡하면 복
> 잡할수록 도적이 더더욱 늘어난다. 그래서 성인이 말한다."[61]

---

61) 57장 天下多忌諱, 而民彌貧. 民多利器, 國家滋昏. 人多伎巧, 奇物滋起. 法令滋彰, 盜賊多有.

공자나 묵자의 성인은 절대로 이렇게 말하지 않을 것이다. 오히려 성인이 없기 때문에 더더욱 가난해지고 혼란스러워진다고 말할 것이다. 노자의 성인은 사람에게 "이쪽이야!"라고 특정 방향을 제시하지도 않을 뿐만 아니라 그 방향으로 이끌어가려고 하지 않는다. 노자의 성인이 하는 말을 들어보자.

> "나는 나서서 설치지 않지만 백성들은 스스로(저절로) 바뀌고, 나는 조용히 머물지만 백성들은 스스로(저절로) 제 앞가림하고, 나는 일을 벌이지 않지만 백성들은 스스로(저절로) 넉넉하게 살고, 나는 욕망을 드러내지 않지만 백성들은 스스로(저절로) 소박해진다."[62]

노자의 성인은 분명히 사람들 앞에 서서 북 치고 장구 치며 어디로 가야 한다고 설레발치지 않는다. 그는 세상에 없는 존재와 같다. 욕망을 드러내지도 일을 벌이지도 않고 조용히 있기 때문에 어디에도 성인의 모습이 보이지 않는다. 만약 여기서 성인이 없는 것이 아니라 숨어서 모든 일을 자신의 뜻대로 진행되게끔 조종하는 음모陰謀의 모사꾼으로 생각할 수도 있다. 백성들은 누구의 간섭을 받지 않고 주체적으로 살아간다고 생각하지만 실제로 추적할 수 없는 숨은 권력에 의해 통제를 받으면서도 그 사실을 모르는 것이다.

---

62) 57장 我無爲而民自化, 我好靜而民自正, 我無事而民自富, 我無欲而民自樸.

얼마든지 생각해볼 수 있는 해석이다. 하지만 그러한 해석은 『노자』의 원문과 부합하지 않는다. 노자는 성인 또는 후왕을 도道에 따르는 사람 또는 도와 일치되는 사람으로 보고 있다.

"도는 늘 나서서 설치지 않지만 모든 일이 술술 풀려나지 않는 것이 없다. 만약 후왕이 도를 지킬 수 있다면 만물은 스스로(저절로) 바뀔 것이다."[63]

노자는 분명히 세상을 통치하는 후왕을 말하고 있다. 후왕은 공자나 묵자가 말하는 사랑과 공익을 위해 백성들을 계몽하는 주체는 아니다. 이 후왕은 남들 앞에 나서서 애써서 그들을 특정한 곳으로 이끌어가려고 하지 않는 도와 같다. 더 정확하게 말하면 후왕 또는 성인은 도의 인격화일 뿐이다. 따라서 도가 이 세상을 어떤 식으로 끌어가려는 음모가 아니라면 성인 또는 후왕도 음모의 모사꾼일 리가 없다.

이렇게 도와 일체된 성인이기에 도와 어긋나는 것을 할 수가 없다.

"성인은 억지로 하지 않는 일에 자리하고, 말하지 않는 가르침을 옮

---

63) 37장 道常無爲而無不爲, 侯王若能守之, 萬物將自化.

긴다. 만물이 스스로(저절로) 자라지만 말하지 않고, 살아가지만 가지려고 하지 않고, 일하더라도 뻐기지 않고, 공이 이루어져도 그 자리에 머무르지 않는다. 이처럼 자리를 차지 않으므로 떠나지 않는다."[64]

노자는 세상에서 '성인'의 자리까지 빼버렸다면 애초부터 '계몽 주체'를 말했다는 오해를 받지 않았을 것이다. 하지만 그는 성인이 없는 세상을 상상할 수 없었다. 이 때문에 노자는 성인 또는 후왕을 공자나 묵자와 다른 방식으로 재해석하고자 했다. 그 결과 성인은 계몽과 아무런 관련이 없이 무위無爲에 따르는 새로운 특성을 가지게 되었다.

이제 성인만이 그 의미가 바뀐 것이 아니라 하늘, 백성, 상하上下, 도道 등도 다른 뜻으로 쓰이게 되었다. 사람이 먹고살지 못할까 봐 안타까워서 하늘이 비를 내려주는 것이 아니라, 기의 작용으로 비가 내릴 뿐이다. 백성은 낫 놓고 기역 자도 모르기 때문에 성인의 지도를 받아서 걸음마를 떼야 하는 아이가 아니라, 누구의 지시를 받지 않아도 혼자 힘으로 삶을 꾸려나가는 주체이다. 상하는 위와 아래라는 위상에 의해 세력 관계를 상징하는 것이 아니라 관점에 따라 임시적으로 정해지는 위치일 뿐이다. 도는 모든 존재가 따라야 하는 선천적인 이념이 아니라 상반되는 힘의 작용으로 인해

---

64) 02장 是以聖人處無爲之事, 行不言之敎. 萬物作焉而不辭, 生而不有, 爲而不恃, 功成而弗居, 夫唯弗居, 是以不去.

생명이 지속되는 힘일 뿐이다.

노자가 공자나 묵자와 다른 철학을 한다고 해서 모든 말을 새롭게 만들 수는 없다. 노자는 자신 앞에 있었거나 같은 시대의 말을 썼지만 그것을 전혀 다른 의미 맥락에서 새롭게 썼다. 새로운 사상의 형성은 언어의 창조를 수반하지 않을 수가 없다. 언어가 바뀌지 않고 새로운 사상을 만들어낼 수 없기 때문이다. 따라서 우리는 같은 언어의 사용에 속아서 공자나 묵자의 성인과 노자나 장자의 성인이 같으리라고 지레 짐작한다면 노자의 사상을 왜곡하게 되는 것이다.

개념의 의미가 바뀔 뿐 아니라 그 사회적 위상도 바뀌게 된다. 공자와 묵자의 성인은 계몽의 주체이기도 하고 계몽으로 일구어낸 업적에 의해 지배자의 위치를 당연히 차지한다. 학문 권력과 정치 권력이 하나 되는 성왕이 되는 것이다. 하지만 노자의 성인은 계몽 주체가 아닐뿐더러 백성에 대한 지배자로 군림하지 않는다. 그들은 역할 때문에 성인 노릇을 하지만 그것은 세상을 돌아가게 하는 톱니바퀴들 중의 하나일 뿐이다. 즉 사람이 각자 다른 위치와 역할로 세상에 참여하는데, 성인도 그중의 하나일 뿐이다. 그 결과 노자의 성인은 백성의 생사여탈권을 휘두르는 권력자가 될 수 없다.

이쯤 되면 노자의 도는 '보이지 않는 손invisible hand'과 닮았고 성인은 그 손을 어렴풋하게 보이는 실루엣처럼 나타냈다고 할 수 있다. 즉 노자는 도가 세상에 작용하는 과정을 가시화시키기 위해 성인의 인격을 빌려왔던 것이다. 오늘날 부모가 노자를 닮는다면, 자식들을 키우며 아등바등 않고 "내버려둬도 잘 하겠지!"라며 여유를 가질 것이다. 사실 우리는 여유를 가질 만할 때에도, 너무 안절부절하지 않는지 돌아볼 일이다.

그칠 줄 알아야 위태롭지 않다

책이 사상가의 손을 떠나는 순간 어떻게 읽힐지 누구도 알 수 없다. 심지어 아무리 위대한 사상가라고 해도 독자들로부터 오해를 받기도 한다. 독자는 자신의 관점에서 사상가의 책을 읽고 해석하기 때문이다. 오늘날 공자는 권위를 내세우는 수구적인 인물로 평가받는다. 『논어』를 보면 공자는 전통과 제도의 의의를 강조하기도 하지만 개인의 주체적인 결정을 역설하기도 한다. 하지만 "공자는 수구적인 인물이다"라는 등식이 머리에 한번 박히고 나면, 사람들은 웬만해서 그 생각을 바꾸지 않는다.

노자는 중국의 철학을 대표하는 인물로 존중을 받기도 했지만 오해를 받기도 했다. 중국의 공산당이 국민당을 타이완으로 내몰고서 신중국을 세웠다. 그 이후 중국은 과거 정치 사상의 값어치를 매기는 역사 평가의 작업에 몰두했다. 이때 노자는 유물론의 사상가로 각광을 받았다. 사실 내용을 알고 보면 피식 웃음이 나오는 해프닝이었다.

『노자』 21장에 보면 도의 특성을 형용하는 표현이 나온다.

"도라는 것은 참으로 흐릿하고 어슴푸레하다. 참으로 어슴푸레하고 흐릿하다."[65]

이 중에 "도지위물道之爲物"의 표현은 원래 주제를 강조하는 형식이다. "도라는 것"이라는 뜻으로 '도'라는 주제를 뚜렷하게 내세우고 있다. 하지만 당시 유물론자들은 이 구절은 "도가 물질이다"라는 뜻을 나타내는 구절로 보았다. 그 결과 노자는 도를 정신이 아니라 물질로 보는 유물론자가 되었던 것이다.

노자를 둘러싼 다른 오해가 있다. 노자가 우민화愚民化를 주장했다는 것이다. 사실 우민화는 유물론과 달리 『노자』에 그렇게 볼 만한 내용이 있다. "늘 백성들로 하여금 지식이 없고 욕망이 없도록 하며 지자로 하여금 감히 일을 벌이지 못하게 한다."[66] 3장을 보

---

65) 21장 道之爲物, 惟恍有惚, 惚兮恍兮.

66) 03장 常使民無知無欲, 使夫智者不敢爲也.

면 노자는 분명히 백성들로 하여금 지식을 갖지 못하게 하고 무엇을 하려는 욕망을 갖지 못하게 하고 있다. 이에 따르면 노자는 우민화를 주장하는 사상가라고 할 수 있다.

노자가 우민화에 찬성한다고 결론을 내리려면, 과연 모든 앎을 부정하는지 확인해볼 필요가 있다. 노자가 활약하던 시대에도 요즘 사람들과 마찬가지로 명예와 몸, 몸과 돈 중에 어느 것이 좋은지 고민했던 모양이다. 이에 대해 노자는 "지나치게 아끼면 거꾸로 크게 허비하게 되고, 많이 쌓아두면 반드시 엄청 잃게 된다"고 생각했다. 맛있는 음식을 두고두고 먹으려고 냉장고에 두었다가 상해 버리곤 한다. 아예 처음부터 여러 사람이 나눠서 먹었더라면 기쁨이 늘어날 수 있겠지만 아끼려다가 결국 누구도 먹지 못하게 되는 것이다. 즉 아끼다가 버리는 꼴이다. 노자는 이런 경험을 바탕으로 다시 자신의 생각을 추상적으로 정리했다.

"만족할 줄 알면 욕되지 않고, 그칠 줄 알면 위태롭지 않는다. 그 결과 오래오래 갈 수가 있다."[67]

사람은 행복한 삶을 오래 이어가고 싶어 한다. 노자도 그 욕망이 장구하게 이어지기를 바라고 있다. 문제는 모든 사람이 장구한

---

67) 44장 知足不辱, 知止不殆, 可以長久.

행복을 바라지만 현실에서 짧은 행복을 누린다는 것이다. 노자는 이 문제를 풀기 위해 결국 욕망에 주목했다. 사람은 지금보다 나은 상태를 끊임없이 욕망한다. 그렇게 바라는 욕망이 이루어질 때 사람은 행복을 느낀다. 이에 따르면 보통 끊임없이 욕망을 키워서 하나씩 충족하며 행복을 오래 느낄 수 있다고 생각한다. 하지만 노자는 욕망의 브레이크가 필요하다고 보았다.

지족知足과 지지知止는 모두 '내'가 머물러야 할 자리나 나아갈 수 있는 한계를 알아야 한다는 점을 일깨우고 있다. 그는 왜 욕망의 브레이크가 필요하다고 생각했을까? 혜성같이 등장한 기업이 짧은 시간에 기업의 규모를 크게 부풀리다가 하루아침에 흔적도 없이 사라지는 경우가 종종 있다. 기업을 경영하다 보면 규모의 확장에 대한 유혹을 느끼게 된다. 덩치가 크면 금융기관을 상대하거나 주식시장에서 자본을 끌어모으는 데에 유리한 점이 많이 때문이다. 자금을 고려하지 않고 무리하게 공격적인 경영을 하거나 기업의 규모를 키우다 보면 결국 규모 그 자체에 질식되게 된다. 자신에게 어울리지 않는 옷은 아무리 고가이고 아름답다고 하더라도 볼품이 없는 것과 마찬가지로 자신이 감당할 수 없는 규모는 결국 재앙으로 돌아오는 것이다. 이런 측면에서 노자는 "더 크게", "더 많이", "더 빨리" 질주하는 욕망이 초래할 수 있는 미래의 결과를 예견한 것이다.

그렇다고 해서 우리는 노자의 지지와 지족을 너무 소극적으로 해석해서 지금과 다르게 살려는 욕망을 아예 꿈꾸지 말라고 해석할 수는 없다. 지지와 지족은 자신의 한계와 가능성을 깊이 있게 성찰한 바탕에서 착실하게 한걸음씩 앞으로 나아가는 것이지 뒤로 돌아가는 것은 결코 아니다. 이런 측면에서 우리는 3장의 무지무욕無知無欲에서 무욕에 대한 오해를 풀 수가 있다.[68] 무욕은 노자가 사람들에게 아무런 욕망을 갖지 말라고 하거나 지금과 다른 삶을 꿈꾸지 말라는 뜻이 아니다. 무욕은 반드시 지족이나 지지와 연결해서 읽어야 한다.

무욕은 한계를 파악할 줄도 모르고 만족할 줄 모르는 질주하는 욕망을 경계하는 말이다. 그렇지 않고 무욕을 글자 그대로 욕망을 부정한 것으로 본다면, 노자는 금욕주의자가 된다. 이것이 바로 특정한 구절을 전체 맥락에서 살피지 못하고 글자에 사로잡히는 독법이라고 할 수 있다. 무지도 무욕과 마찬가지이다. 어떤 지를 부정하고 어떤 지를 긍정한 것이다. 이것을 모르고 모든 지를 부정했다고 하면 사실과 다르다.

따라서 무지도 사람들로 하여금 어떠한 지식을 갖지 않는 무지몽매한 상태에 놓이게 하여 지배자가 그들을 부리기 쉽도록 하는 것이 아니다. 무지는 한계를 넘어서서 개인을 피폐하게 만들고 공동체를 무너뜨리는 앎을 경계하는 것이다. 예컨대 명품을 광적으

---

68) 03장 常使民無知無欲, 使夫智者不敢爲也. 爲無爲則無不治.

어린 시절의 히틀러
아이 히틀러는 주위 사람들에게 기쁨을 주는
천사였을 것이다. 사람은 시대의 영향과 자신
의 선택으로 계속 천사로 남기도 하고 괴물로
변하기도 한다.

로 좋아하는 사람은 새로운 상품이 나왔다는 소식을 듣자마자 사
지 못해서 안달복달한다. 자신에게 돈이 없으면 빚을 내는 무리를
해서라도 사려고 한다. 이때 무지는 그러한 소식을 알지 못하게 한
다는 뜻이다.

히틀러는 인종주의에 기반을 둔 극우 파시즘을 퍼뜨려서 유태
인을 학살했을 뿐만 아니라 세계를 전통의 소용돌이로 몰아넣었다.
독일은 제2차 세계대전 이후에 공식적으로 나치즘을 신봉하거나
선전하는 행위를 금지하고 있다. 이때 무지는 올바른 정치에 대해
모르게 하라는 뜻이 아니라 극우 파시즘에 관심을 가지지 않게 하
라는 뜻이다. 이렇게 보면 무지도 글자 그대로만 보면 우민화와 다
를 바가 없어 보이지만 실은 진리를 정면으로 마주하라는 것이다.

노자는 만물이 서로 해치지 않고 나란히 성장하는 "만물병작萬物竝作"을 바람직하게 보았다.[69] 만물병작이 이루어질 때 만물은 모두 각자에 주어진 삶의 사이클, 즉 명命을 중단 없이 마치고 처음의 상태로 되돌아가게 된다. 하지만 노자가 활약하던 시대는 백성들에게 농사를 지어 수확을 많이 거두고 전쟁에 참가하여 적을 많이 살상하라는 요구와 의무를 끊임없이 부과했다. 이를 공자의 말로 하면 각자가 자신의 자리를 찾아 제 역할을 하는 "각득기소各得其所"라고 할 수 있다. 그 과정에서 사람들은 요구와 의무를 수행하기 위해 자신을 끊임없이 위험한 상황에 놓게 된다. 오늘날 우리나라 사람들도 삶의 형편이 나아졌다고 하지만 과도한 경쟁에 시달리느라 불안하고 불행해한다. 전쟁터에서 죽거나 일상에서 불행하면 사람은 자연이 자신에 준 명을 완수하지 못하는 것이다.

노자는 말한다. "자신에게 주어진 삶의 사이클로 돌아가는 것이 만물의 항상성이다. 이 항상성을 아는 것이 밝은 지혜이다. 이 항상성을 모르기 때문에 제멋대로 흉흉한 일을 벌이게 된다."[70] 여기서 노자는 결코 앎과 지혜를 부정하지 않는다. 그는 진리를 제대로 바라보고 허위에 속지 말라고 말하고 있다.(용어에 주목하면 노자는 지知를 부정하기도 하고 긍정하기도 하지만 명明은 긍정한다. 그는 지의 앎보다

---

69) 16장 致虛極, 守靜篤. 萬物竝作, 吾以觀復. 夫物芸芸, 各復歸其根. 歸根曰靜, 是謂復命.

70) 16장 復命曰常, 知常曰明. 不知常, 妄作凶.

명의 앎을 바람직하다고 생각한 것이다. 지는 부분에 한정된다면 명은 전체를 꿰뚫는 앎이다.) 즉 진리 위에 군림하는 허위를 제대로 끌어내리고 존중받지 못하는 진리를 제자리로 끌어올리라고 말하고 있다.

우리는 다양한 매체를 통해 매일 건강과 관련한 숱한 정보를 보고 듣는다. 그중에는 진리와 허위가 뒤섞여 있다. 허위는 자신의 효과와 효능을 더 크게 부풀려서 사람의 이목을 집중하게 만든다. 이렇게 속은 허위는 우리로 하여금 돈은 돈대로 잃고 몸은 몸대로 건강을 잃게 만든다. 그것이 바로 제 자신을 망치고 주위 사람을 괴롭히는 '망작흉妄作凶'이다.

이런 의미에서 노자가 이상 사회로 제시한 소국과민小國寡民을 살펴보자.

> "제 고장의 음식을 달게 먹고, 제 고장의 옷을 아름답게 여기고, 제 고장의 집에 편안해하고, 제 고장의 풍속을 즐긴다. 이웃한 나라가 서로 바라보이고 개 짖고 닭 우는 소리가 서로 들리더라도 백성들은 늙어서 죽을 때까지 서로 오가지 않는다."[71]

노자는 자신에게 있는 것에 만족하지 못하고 남에게 있는 것을 가지려고 하는 약탈적 욕망이 시대를 물들이고 있다고 보았다. 이

---

71) 80장 甘其食, 美其服, 安其居, 樂其俗, 隣國相望, 鷄犬之聲相聞, 民至老死不相往來.

에 대비해서 자신에게 있는 것을 소중히 하라는 점에서 폐쇄적 세계를 제안하고 있다. 이 폐쇄적인 세계는 남에게 휘둘리지 않는 온전한 자기애를 문학적으로 표현하고 있을 뿐이지 실제로 외부와 단절된 고립 세계를 가리키지 않는다. 소국과민을 글자 그대로 해석한다면 동굴에서 물만 먹는 사는 삶이 가장 행복하다고 할 수 있겠지만 사실과 다르다.

부드러움이 단단함을 이긴다

공자와 맹자는 유학을 주창하는 점 이외에도 공통점이 많다. 특히 성장 배경을 보면 두 사람은 모두 3세에 아버지를 여의고 편모슬하에서 자랐다. 두 사람의 책을 읽으면 사람을 따뜻하게 품어주는 사랑을 말하면서도 세상을 다스리는 엄격한 기준을 세우려고 한다. 반면 노자와 장자는 성장 배경과 관련해서 어떠한 정보도 알려지지 않고 있다. 두 사람의 글을 읽으면 기준을 세우는 것이 발전이 아니라 고통이라고 말하며 자꾸 "비우라!"고 말한다.

그래서 공자와 맹자는 남성성을 대표하는 사상가라면, 노자와 장자는 여성성을 대표하는 사상가로 구분된다. 근대의 연구자들은 특정한 한자漢字에 주목해서 이러한 차이를 설명하려고 시도했다.

공자와 맹자는 가족 윤리와 조상 숭배를 사상 문화의 기본 밑바탕으로 삼는다. 이런 맥락에서 시조나 조상을 나타내는 조祖에 주목할 만하다. 궈모뤄郭沫若(1892~1978)는 갑골문의 '祖'자를 제단을 나타내는 부분[示]과 남성의 성기를 나타내는 부분[且]의 합성어로 설명했다.[72] 나아가 그는 '祖'자가 여성 중심의 원시적 모계 사회가 남성 중심의 가부장 사회로 넘어가는 전환을 나타낸다고 보았다. 이 풀이에 따르면 공자는 부계의 시조(조상)를 종족의 기원이자 생명의 근원으로 숭배하는 문화 전통을 이어받은 것이다.

노자와 장자는 사람으로 하여금 국가의 촘촘한 행정 편제에 소속되어 각종 의무를 수행해야 하는 관계를 벗어나고자 했다. 그들은 국가와 역사를 위해 세우려는 기준을 허물려고 했다. 그들은 기준의 제단을 우뚝 세우려는 것에 반해 그 제단의 기단마저 파내서 가장 낮은 곳에서 다시 출발하려고 했다. 노자는 이러한 의미 맥락을 포착하기 위해 새로운 출발점을 '곡신谷神'으로 표현했다.[73] '곡신'은 글자 그대로 골짜기의 신을 뜻하는데, 암컷의 문을 뜻하는 '현빈지문玄牝之門'과 조응하면서 여성의 성기를 나타내는 것으로 풀이되었다. 이 풀이에 따르면 노자는 모계의 다산을 생명의 근원

---

72) 이 주장은 『갑골문자연구甲骨文字研究』(上海大東書店, 1931)에 실린 「석조비釋祖妣」에서 처음으로 제기되었다. 이후 많은 사람들이 이 주장을 그대로 받아들이면서 비판적인 검토를 하지 않았다. 김용옥은 이 설을 자명한 것으로 받아들이고 있다. 고대사 연구에서 자명하다는 직관을 억제해야 할 때가 있다. 그렇지 않으면 상상력이 무한으로 춤을 출 수 있기 때문이다.

73) 06장 谷神不死, 是謂玄牝. 玄牝之門, 是謂天地根. 綿綿若存, 用之不勤.

으로 삼는 문화 전통을 이어받은 것이다.

이로써 중국 철학을 대표하는 공자의 유교와 노자의 도교가 남성과 여성의 생식기에 기원을 두고 있다는 '성기 기원설'이 제기되었다. 처음에 이런 주장이 나왔을 때 근엄한 철학사를 속된 에로티시즘의 역사로 물들인다며 반발하는 기세가 등등했다. 이 성기 기원설은 문헌에 나름의 근거가 있는 데다가 인문학적 상상력을 덧붙인 소산으로 문헌의 신성성을 타파하는 데에 나름 기여를 했다. 하지만 철학이 야릇한 에로티시즘과 결부되면서 원래의 의미 맥락을 벗어나서 정제되지 않은 상상력을 발동시켜서 사상을 희화화시켰다고 비판을 받기도 했다. 즉 유교는 정확한 검토 없이 남성성에 바탕을 두고 여성을 억압하는 가부장적 이데올로기의 대명사가 되었고, 도교는 여성성에 바탕을 두기에 훗날 방중술房中術로 이어질 수 있다는 흥미롭지만 거친 이야기가 쏟아지게 되었다.

사실 노자의 책을 읽으면 분명 여성성의 가치를 높이 사고 있지만 6장의 천지근天地根과 38장의 진중한 대장부大丈夫처럼 남성성의 가치를 송두리째 부정하지 않는다. 아울러 여성성은 노자가 말하는 부드러움의 가치와 싸우지 않는 세계를 이끌어내는 은유일 뿐이다. 결코 성기의 의미로 문헌의 모든 구절을 술술 풀이할 수 있거나 방중술을 통한 탈아의 경지를 체험하여 득도할 수 있다는 것을 말하지 않는다. 그럼에도 불구하고 이러한 해석을 신주단지처럼 믿고 "이런 이야기가 있는데"라며 말꼬리를 흘린다면, 그것은 농담을 진담으로 여기며 흥분하고, 비유를 사실로 믿고서 이리 저리 소문내는 형국이다.

김동명 시인은 「내 마음은」이라는 시에서 마음을 호수, 촛불, 나그네, 낙엽에다 견주고 있다. 이는 사랑하는 사람과 함께하고자 하는 바람을 다양하게 나타내고 있는 것이다. 이 시를 읽고 "마음이 왜 호수에서 촛불로 다시로 나그네에서 낙엽으로 자주 바뀌느냐?"고 따진다면, 우리는 말없이 웃을 뿐이다.

이제 야릇한 호기심을 식히고 차분하게 노자의 책을 읽어보기로 하자.

"죽지 않는 골짜기의 신, 이를 검은 암컷이라 부른다. 검은 암컷의 문, 이를 하늘과 땅의 뿌리라고 부른다. 끊어지지 않고 죽 잇달아서 겨우 있는 듯하지만 그 쓰임은 멈추지 않는다."[74]

'곡신'과 '현빈지문'의 구절에 주목해서 "봐봐, 노자는 성애 의식이 역시 강해!"라거나 "노자는 프로이트처럼 리비도를 찾아낸 사람이야!"라고 환호작약할지 모른다. 이렇게 해석하면 '곡신'과 '현빈지문'이랑 '천지근'이 의미상으로 금방 연결되지 않는다. '천지근'은 누가 봐도 남성성을 나타내지 않는가? 이 구절은 노자가

---

74) 06장 谷神不死, 是謂玄牝. 玄牝之門, 是謂天地根.

'자웅동체hermaphrodite'를 말한다고 하면 모를까 그렇지 않으면 모순이다. 암컷의 문이 곧 천지의 뿌리라고 말하기 때문이다.

노자는 6장에서 분명 여성성에 주목하고 있다. 그것은 생명이 끊임없이 재생되는 상징이다. 아울러 그 여성성은 위상학적으로 위가 아니라 아래에 대응되고 있다. 곡물의 생장은 기본적으로 '아래'에서 '위'로 향하는 운동이다. 아래가 없는 위가 있을 수가 없다. 이 때문에 노자는 모순으로 간주될 수 있는 위험을 무릅쓰면서 '천지근'이라는 표현을 썼다. 이로써 '곡신'과 '현빈지문'은 여성의 성기에 기원을 두고 있을지라도 그 이미지에만 갇히지 않고 생명을 낳는 뿌리로서 근원이라는 의미를 추가로 획득하게 되는 것이다.

> "큰 나라는 아래로 흐르니 세상 사람들이 어울리게 하는 곳이 세상 사람들을 품는 암컷이 된다."[75]

여기서 여성성은 뿌리를 매개로 '아래'의 위상과 한층 강하게 결부된다. 여성성은 단순히 아래에 있는 사실만이 아니라, 위를 향해 높이 쌓기가 아닌 아래로 향하며 쌓은 것을 허무는 방향성을 나타낸다. 기어이 위로 올라서는 것은 '나'를 올라가게 하고 '남'을 끌어내리는 이중 운동이다. 이 과정에서 떠들썩한 말소리는 예사

---

75) 61장 大國者下流, 天下之交, 天下之牝.

이거니와 죽이고 죽는 싸움도 단골로 끼어든다. 아래로 향하는 것은 그러한 떠들썩한 말소리가 그치고 치고받는 싸움이 일어나지 않는 과정이다.

"암컷은 늘 고요함으로 수컷을 이기는데, 그 고요함으로 인해 자신을 아래에 두려고 하기 때문이다."[76]

노자는 여성성을 끊어지지 않는 생명력과 고요함의 평화의 바탕으로 읽어내고 있다. 이때 노자는 암컷과 수컷을 상반된 특징으로만 바라보지 않는다. 그는 생명력과 평화를 지켜나가기 위해 암컷의 특성만이 아니라 수컷의 특성을 알아야 한다고 보았다. "수컷을 알고 암컷을 지키면 세상의 골짜기가 된다. 세상의 골짜기가 되면 일정한 덕이 떠나지 않는다."[77] 남성성을 모르고서 여성성을 지키려고 한다면 그쪽은 세상의 반쪽에 지나지 않는다. 여성성을 지키기 위해서라도 남성성을 알아야 한다.

이제 우리는 노자가 여성성을 성애의 에너지가 아니라 생명력과 평화의 길과 연결시키고 있다는 것을 알 수 있다. 이러한 해석이 가능하려면 여성성이 나오지 않는 구절에서도 생명력과 평화에

---

76) 61장 牝常以靜勝牡, 以靜爲下.

77) 28장 知其雄, 守其雌, 爲天下谿, 爲天下谿, 常德不離.

대한 모색의 정황을 찾아내야 한다. 그래야만 노자의 여성성이 책 전체에서 일관성을 가질 수 있기 때문이다.

"사람이 살았을 때 부드럽고 약하지만 죽었을 때 단단하고 뻣뻣해진다. 만물과 초목도 살았을 때 부드럽고 연하지만 죽었을 때 마르고 뻣뻣해진다. 따라서 단단하고 뻣뻣한 것은 죽은 무리이고, 부드럽고 약한 것은 살아 있는 무리이다. 이 때문에 군대가 뻣뻣하면 패하고, 나무가 뻣뻣하면 부러진다. 역설적으로 강하고 큰 것은 아래에 놓이게 되고, 부드럽고 약한 것이 위에 있게 된다."[78]

노자는 부드러움과 뻣뻣함을 사람과 사물의 촉감에서부터 군대와 같은 조직 운영의 특징으로 확장시키고 있다. 한번 세운 기준을 무조건 밀고 나가는 '뻣뻣함'과 상황에 따라 유연하게 대응하는 '부드러움'은 완전히 대조되는 세계를 대변한다. 뻣뻣함은 죽어가는 과정을 거쳐서 결국 죽은 무리라고 한다면, 부드러움은 죽음의 위기를 넘겨서 늘 살아 있는 무리이다.

여기서도 노자는 바람에 휘는 나무와 바람에 꺾여서 쓰러지는 나무의 관찰을 통해 사회의 운영 원리를 도출해내고 있다. 그 결과 아래에 있는 부드러운 여성성의 세상이 위로 올라가고 위에서 버

---

78) 76장 人之生也柔弱, 其死也堅强, 萬物草木之生也柔脆, 其死也枯槁, 故堅强者死之徒, 柔弱者生之徒, 是以兵强則不勝, 木强則兵, 强大處下, 柔弱處上.

강희안,「고사관수도高士觀水圖」(왼쪽)
석도,「여산관폭도廬山觀瀑圖」(오른쪽)

동아시아 회화에서는 물을 단골 소재로 삼았다. 그림 속의 사
람은 폭포에서 물보라를 일으키며 떨어지거나 고요히 흐르
는 물을 바라보고 있다. 강희안과 석도의 그림 속 인물이 노
자인지도 모른다.

타이칭궁 노군대 옆의 성수정聖水井

제자백가의 유적지를 찾으면 대부분 우물이 있다. 노자도 예외가 아니다. 여정에 지친 나
그네를 달래준다는 점에서 성수임에 틀림이 없다.

티던 뻣뻣한 남성성의 세상이 아래로 내려가는 역전이 일어난다. 노자는 이러한 역전을 "부드럽고 약함이 단단하고 뻣뻣함을 이긴다"[79]라는 식으로 정식화시키고 있다.

　나아가 노자는 '강強'의 의미마저 뒤집어버린다. "부드러움을 지키는 것이 강한 것이다."[80] 이것은 전통적으로 부드러움을 약한 것으로 보는 입장을 전도시키고 있다. 즉 부드러움은 더 이상 강함과 반대되지 않는다. 오히려 부드러움을 잃지 않고 부드러움에서 벗어나지 않는 것이 강한 것이다. 노자는 부드러움의 힘을 물에서 관찰했다. 보통 나를 받아들이게 하는 것이 강한 것이다.

　이렇게 보면 물은 모든 것을 받아들이므로 유약한 것이다.[81] 이렇게 물은 모든 것을 받아들여서 이롭게 하지만 무엇과 다투지 않으므로 결국 강한 것이 된다. 그 무엇도 물과 싸우려고 하지 않기 때문이다. 이제 우리는 노자가 여성성에서 찾아낸 생명력과 평화의 길이 노자 전체에서 일관되고 있다는 것을 알 수 있다. 노자는 에로틱한 글감을 끌어들여서 전혀 에로틱하지 않는 이야기를 한 것이다.

---

79) 36장 柔弱勝剛强.

80) 52장 守柔曰强.

81) 08장 上善若水. 水善利萬物而不爭, 處衆人之所惡, 故幾於道. 78장 天下莫柔弱於水, 而攻堅强者, 莫之能勝.

노자의 핵심은 무위 리더십

노자와 장자를 주제로 강의를 하다 보면 청중이 꼭 던지는 질문이 한 가지 있다. "노자와 장자는 왜 책을 남겼습니까?" "말을 했으니 책이 있겠지요"라고 하면 제대로 된 대답이 아니다. 이 질문을 하는 맥락은 다음과 같다. 공자는 말을 올바르게 사용하라는 정명正名을,[82] 묵자는 근원, 경험, 효용의 세 가지 기준, 즉 삼표三表에 맞게 말을 하라고 했다. 반면 노자와 장자는 말의 부정적인 측면을

---

82) 『논어』 「자로」3 子路曰: "衛君待子而爲政, 子將奚先? 子曰: 必也正名乎! 子路曰: 有是哉, 子之迂也! 奚其正? 子曰: 野哉, 由也! 君子於其所不知, 蓋闕如也. 名不正, 則言不順, 言不順, 則事不成, 則禮樂不興, 禮樂不興, 則刑罰不中, 刑罰不中, 則民無所錯手足. 故君子名之必可言也, 言之必可行也. 君子於其言, 無所苟而已矣.

강조하고 극단적으로 언어의 정확한 사용보다 침묵이 진리에 가깝다고 말했다. 이런 차이에 따르면 공자나 묵자가 책을 남긴 것은 당연하지만 노자와 장자가 책을 남긴 것은 이상하다는 말이다.

위의 질문은 단순하지만 그 속에 노자 사상의 중요한 측면을 담아내고 있다. 노자는 우리가 사람과 어울리며 자연스럽게 사용하는 언어에 대해 깊이 있게 생각했다. 우리는 친구끼리 소식을 주고받거나 낯선 사람과 계약서를 쓰거나 사랑하는 이와 약속을 잡을 때 말을 쓴다. 약속이 이루어지고 계약이 지켜지면 언어로 인한 문제가 생기지 않는다. 하지만 약속을 하자마자 계약을 맺자마자 잘잘못을 두고 다툼이 생기기도 한다. 같은 글자와 말을 두고 해석이 다르기 때문이다.

특히 말 한마디에 따라 시비가 갈리고 수많은 돈이 걸려 있다면, 말은 더더욱 분쟁의 중심에 놓이게 된다. 아이를 키울 때를 생각해보자. 막 말을 배울 때 '엄마', '아빠'에 가까운 소리에도 부모들은 손뼉을 치며 좋아한다. 말을 더 배워서 "이게 뭐야?", "저게 뭐야?"라고 끊임없이 묻기도 하고 이것저것 사달라고 하면 부모들은 슬슬 부담스러워한다. 언어는 상황에 따라 기쁨을 가져오기도 하고 짜증을 낳기도 한다.

노자는 특히 대상을 분류하여 의무를 부과하고 요구를 전달하는 언어를 불편하게 여겼을 뿐만 아니라 본성을 왜곡한다고 보았다. 예컨대 '학생'을 정의하면 "학교에 다니며 배우는 사람"이다.

학생이 학교에 있지 않고 노래방이나 야구장에 있으면 "학생이 있어야 할 곳에 있지 않는다"거나 "하라는 공부는 하지 않고 놀려고 한다"고 말한다. 학생은 공부할 수도 있고 놀 수도 있지만 정의에 따르면 학교에서 공부해야 하는 것이다. 또 병역과 납세의 의무는 해당되는 사람이라면 그 누구도 예외 없이 동일하게 적용된다.

이에 따르면 사람은 어떤 필요에 의해 자신의 동의와 상관없이 반드시 지켜야 할 과제를 떠안게 된다. 이렇게 언어는 사람을 특정 기준에 따라 분류하고 그에 따라 다양한 의무를 부과하고 있다. 하지만 사람은 언어에 의해 분류되지 않고 의미를 벗어난 다양한 욕망을 실현하려고 한다. 내가 "대한민국의 건장한 남성"으로 분류되면, 입영 시기를 조절할 수 있지만 2년 정도 병역의 의무를 수행해야 한다. 국가는 "대한민국의 건장한 남성"의 규정에 따라 '나'를 병역의 자원으로 간주하고 있다.

하지만 '나'는 병역의 자원 이전에 누구의 속박을 받지 않고 자신이 하고 싶은 것을 하려는 "자유로운 영혼"이다. 의무의 전달을 목표로 하는 언어는 "자유로운 영혼"의 욕망을 제대로 담아낼 수 없다. 전쟁과 경쟁을 벌이는 공간에서 '돌격', '용기', '무기', '실적', '초과 달성', '비교 우위' 등은 늘 쓰는 언어가 되지만 '도망', '후퇴', '실패', '게으름', '여유' 등은 "분위기 파악도 못하는 엉뚱한 말 하지 마!" 혹은 "턱도 없는 소리 하지 마!"라는 반응과 함께 사용하지 않거나 금지해야 하는 언어가 된다. 의무의 언어는 언어의 아주 일부에 지나지 않지만 사회에 그런 소리가 흘러넘치면서 다른 소리가 줄어들게 된다.

이런 맥락에서 노자는 '무명無名'론을 제기했다. 사람을 특정한 의미망의 틀 안에 가두어서 특정한 방향으로 나아가도록 하는 '유명有名'의 세상은 사람이 성취한 실적을 사무실 벽면에 막대그래프로 나타낸다. 사람은 막대그래프의 높이와 같아진다. 막대그래프는 막대그래프에 불과하지만 그 높낮이는 사람의 능력을 위계적으로 배치하고 있다. 무명은 막대그래프에 포함되지 않는 사람의 또다른 측면을 긍정하려는 시도이다.

노자는 1장에서 "하늘과 땅이 막 열렸을 때에는 사물을 역할과 의무의 틀로 묶어놓고 부르는 호명 체계가 없었다"[83]고 말했다. 이것의 현실태는 내가 나를 아는 사람이 한 사람도 없는 낯선 곳을 여행하며 느끼는 무한한 자유의 상태이다. 직장의 세계에서 '나'는 세부적으로 나뉜 직함의 언어를 벗어날 수 없고, 그 그물은 언제나 '나'에게 직함에 상응하는 역할과 의무를 실어 나르는 수레이다.

직장에는 '내'가 숨을 곳이라곤 어디에도 없다. 나는 나를 쳐다보는 시선을 끊임없이 의식하고 나도 연결된 사람에게 시선을 던진다. 한 사람이 몸이 불편해서 책상에 엎드려 있으면 그 사람 주위를 떠돌던 시선이 "회사가 자기 안방인 줄 아느냐!"라는 말을 건

---

83) 01장 無名天地之始.

넨다. 하지만 낯선 곳을 여행하면 그러한 싸늘한 시선을 느끼지 않는다. 차림도 걸음걸이도 말도 직장의 세계와 다르다. 차림은 무겁지 않고 가볍고, 걸음걸이는 빠르지 않고 느긋하고, 말은 다급하게 따지지 않고 느리다.

이쯤 다시 서두의 질문으로 돌아가 보자. 노자는 말(규정)을 하지 말자고 해놓고 책을 남겼으니 반칙을 한 것일까? 그렇지 않다. 말을 올바르게 쓰고(공자) 말을 논리적으로 쓰자(묵자)는 사람만 책을 남길 권리가 있는 것은 아니다. 말을 하지 말아야 하는(노자) 이유를 설명하기 위해서 말에 의존하지 않을 수 없다. "난 지금부터 말하지 않겠어!"라고 침묵을 선언하기 위해서도 말을 한다. 따라서 노자가 언어의 부정적인 역할을 고발하고 사람들을 설득하기 위해 말을 쓸 수밖에 없는 것이다. 이것이 노자가 책을 남길 수밖에 없는 이유라고 할 수 있다.

이제 노자에 대한 또 하나의 미스터리를 살펴보자. 『노자』는 모두 5000여 글자에 불과한 조그만 책이다. 분량에 비해 그 영향은 엄청났다. 영어권으로 가장 많이 번역된 중국 고전 중의 하나이다. 내용이 적지만 의미를 파악하기 어려웠던 탓에 『노자』에 대한 주석서가 많이 나왔다. 주석마다 『노자』를 해석하는 방식이 달라 "노자가 도대체 몇 사람이 되는 것인가?"라는 의구심이 생길 정도이다.

한비자는 『노자』에 제일 먼저 주석을 단 사람이다. 주석이라고 하지만 『한비자』 중 「해노解老」라는 한 편에서 간략하게 노자 사상을 풀이하고 있다. 한비자는 노자 사상을 군주가 다수의 관료와 통치 협력자들을 관리하는 인군남면지술人君南面之術, 즉 '무위無爲 리더십'으로 해석했다. 춘추전국시대에 이르러 "부족 연맹에서 확대된 중앙집권의 국가를 어떻게 관리(통치)해야 하느냐?"라는 물음이 생겨났다. 원시 공산사회의 특성을 갖는 부족 연맹은 전원 합의나 신탁을 통해 질서가 유지되었다.

중앙집권의 국가는 몇몇의 현자나 다수 부족장의 협의로 유지될 수 없었다. 한비자는 춘추전국시대에 고안한 관료제를 수용하여 개개인에게 임무를 배당하고 그 임무의 수행 여부에 따라 상벌을 실시하여 국가를 운영하려고 했다. 이때 왕은 구체적인 사안에 대해 직접 감 놔라 배 놔라 식으로 챙기지 않는다. 왕은 관료와 통

유방과 항우
진 제국의 붕괴 이후에 천하의 패권을 두고 경쟁했다. 두 사람은 역량만이 아니라 리더십에서도 뚜렷한 차이를 보였다.

치 협력자들이 상시적인 직무와 임시적인 임무를 배당받는 시스템이 작동하도록 지켜보고 나중에 그 결과에 따라 상벌이 시행되도록 하는 '무위의 리더십'을 수행할 뿐이다.

따라서 왕은 지적으로 뛰어날 필요도 없고 보통 지능을 가지고 제 감성에 따라 고집을 부리지 않고 시스템에 맡기는 억제력을 가지면 충분하다고 보았다. 이러한 무위 리더십은 항우를 꺾고 제왕이 된 유방과 그의 아들들이 천하를 통치하던 한 제국 초기에 '황로술黃老術'로 유행했다. 예컨대 문경지치文景之治는 황로술이 성행하여 사회를 안정시킨 상태를 가리키는 말이다. 한 제국 초기는 국가 기반 시설이 파괴되고 자원이 고갈된 상태라 방임放任의 황로술이 국가 경제의 재건과 민간 경제의 부활에 커다란 실익을 가져왔다. 두태후는 황로술의 적극적인 지지자로 노자를 숭상하여 유학을 옹호하는 관료-학자를 처벌하기도 했다. 하지만 두태후 사후에 무제武帝가 대외적으로 적극적인 공세에 나서고 대내적으로 다양한 사업을 실시하면서 황로술은 학계의 주도권을 잃게 되었다. 현대에는 장순후이張舜徽가 『노자』를 형이상학이 아니라 황로술 중심으로 해석하려고 애쓰고 있다.[84]

『노자』 36장에 보면 보통 '노자 사상'이라고 생각하는 것과 다른 내용이 나온다. "장차 약하게 하려면 먼저 강하게 해주어야 한

---

84) 張舜徽, 『주진도론발미周秦道論發微』(中華書局, 1982) 참조.

다. 장차 없애려고 하면 먼저 잘 일어나게 해줘라. 장차 빼앗으려고 하면 반드시 먼저 줘라!"[85] 누군가 나에게 뭔가를 주면 보통 상대를 호의적으로 생각하게 된다. 이렇게 몇 번 하다 보면 상대가 나를 경계하지 않고 자신과 같은 편으로 생각하게 된다. 이때 상대를 공격하면 별다른 저항 없이 모든 것을 빼앗을 수 있다.

이런 구절에 착안해서 『노자』를 권모술수를 담은 책으로 보기도 하고 전쟁의 승리를 이끄는 방법을 담은 병서로 보기도 한다.[86] 이 이외에도 노자의 도道를 세상의 모든 존재를 낳고 의미와 가치를 부여하는 근원으로 해석하는 사람도 있다. 중국의 천재로 알려진 위나라 왕필王弼(226~249)이 바로 그 사람이다.[87] 또 『노자』를 양생술로 보기도 하고, 불교나 유교식으로 해석하는 시도도 있었다. 이에 대해 "책은 한 권인데 왜 이리 해석이 다양한가?"라는 물음을 가질 수 있다. 이것이 바로 철학 자체의 특성이기 때문이다. 나름의 타당한 근거를 가지고 있으면 다양한 목소리의 해석이 가능하기 때문이다.

---

85) 36장 將欲弱之, 必固强之. 將欲廢之, 必固興之. 將欲奪之, 必固與之.

86) 노자는 전쟁의 파괴성을 강하게 비판했다. 30장 以道佐人主者, 不以兵强天下, 其事好還, 師之所處, 荊棘生焉, 大軍之後, 必有凶年. 반면 군사의 운용과 진법에 활용할 수 있는 발언을 하기도 한다. 將欲歙之, 必固張之. 將欲弱之, 必固强之. 將欲廢之, 必固興之. 將欲奪之, 必固與之. 是謂微明, 柔弱勝剛强, 魚不可脫於淵, 國之利器, 不可以示人. 노자가 군사 사상가가 아니라고 하더라도 상황을 고정적으로 보지 않고 능동적으로 대처하며 상황을 조작할 수 있다는 사고의 단초를 제공했다고 할 수 있다. 이 때문에 『노자』와 『손자』를 겹쳐 읽으면 의외로 서로 통한다는 느낌이 든다.

87) 왕필의 『노자』 주석은 임채우 옮김, 『왕필의 노자주』(한길사, 2005) 참조.

묵자,
평화를 넓히다

묵자는 어떻게 有(한정)를 통해
평화를 넓혔는가?

◆ 수수께끼와 같은 인물

노자는 미스터리에 싸인 인물이다. 사실 따지고 보면 묵자도 결코 그에 못지않다. 사마천이 「맹자순경열전」의 말미에 묵자를 언급하며 "묵적은 송나라 대부로 수비에 뛰어나고 절용을 강조했다. 어떤 이는 묵자가 공자와 같은 시대에 활약했다고 하고, 어떤 이는 공자 뒤에 활약했다고 말한다"[88]라고 하였다. 사마천은 짧은 문장에서 묵자의 출신, 대표 사상, 활약 시기를 언급하고 있다. 없는 것보다 낫지만 정보가 너무 소략하여 묵자가 어떤 사람인지 헤

---

88) 「맹자순경열전」 蓋墨翟, 宋之大夫, 善守禦, 爲節用. 或曰並孔子時, 或曰在其後.

아리기가 쉽지 않다.

이러한 혼란의 시작은 '묵적墨翟'이라는 단어 자체에서 시작된다. 그냥 성이 묵이고 이름이 적이라고 하고 넘어가면 좋겠지만 실상이 그렇게 간단하지 않다. '묵墨'이 너무나도 직접적으로 작업 도구를 연상시키기 때문에 이름으로 보기에 어려울 뿐만 아니라 일찍부터 성으로 잘 쓰이지 않았기 때문이다. 이런 난점을 푸는 데, 송宋나라 양공襄公의 형 목이目夷를 묵자의 조상으로 보는 설이 도움이 된다.

양공은 춘추시대 초나라와 홍수泓水에서 전쟁을 벌일 때 강을 건너는 적을 공격하지 않아 패배를 당한 주인공이다. 즉 양공지인襄公之仁의 고사에 나온다. 목이는 양공의 이복형으로 고대의 이상을 실현하려는 동생을 보좌했다. 『광운廣韻』에 따르면 목이는 문헌에 따라 묵이墨夷로 표기되기도 하고, 적翟과 이夷는 고음에서 서로 통용되는 글자라고 한다. 이에 따르면 묵墨은 원래 성이 아니었다가 비슷한 발음으로 인해 성을 나타내게 된 것이다.

이 설을 받아들이면 목이는 은나라가 망한 뒤 그 후예들이 조상의 제사를 지내도록 세운 송나라 출신이다.[89] 공자도 멀리 조상

---

89) 『여씨춘추』 「당염當染」에 따르면 묵자는 주나라의 귀족이자 예의에 밝았던 사각史角의 후예에게 가르침을 청한 것으로 보인다. 그 과정을 간단하게 살펴보면 다음과 같다. 노나라 혜공惠公은 주나라 환왕桓王에게 교묘郊廟의 예제를 배우고자 청을 했고, 환왕은 사각을 노나라로 보내 자문을 하게 했다. 혜공은 자문을 받은 뒤에 사각이 노나라에서 살도록 요청하여 그렇게 되었다. 묵자는 사각의 후손들에게 가르침을 청했다고 한다.

을 찾으면 은나라 왕족의 후손 출신이라고 한다. 공자와 묵자는 뿌리를 캐보면 머나먼 친척 사이가 될 수 있으리라. 주나라가 건국된 뒤에 목이국目夷國은 소주국小邾國으로 바뀌었다가 그 뒤에 소주국은 송나라, 주나라, 노나라, 제나라의 부속 국가의 상태로 떨어지게 되었다. 이러한 상황의 변화와 함께 목이目夷씨가 귀족에서 평민으로 전락하게 되었고, 목이는 어느 사이에 묵이墨夷가 되었다가 다시 이夷를 빼고 묵墨이 성으로 쓰이게 되었다.[90] 그리하여 묵墨이 묵적의 성이 된 것이다.

묵자가 어떤 사람인지 알려면 『묵자』를 읽어보는 것이 제일 좋다. 그렇지 않으면 텅저우시 묵자기념관墨子記念館의 성적청聖迹廳 벽면에 그려진 『묵자성적도』를 보면 좋다. 모두 62 장면으로 되어 있는데, 『묵자』와 전설 그리고 다른 책에 나오는 묵자의 사적을 그림으로 풀이하고 있다.[91]

묵자는 공자와 마찬가지로 세상을 구하기 위해 여러 나라를 돌아다녔다. 그의 활동 중에 송나라의 위기를 구하기도 하고 또 송나라에서 구금을 당하는 일이 일어나기도 했다. 송나라 소공昭公(재위 BC 469~404) 말년에 대환戴歡과 사성황司城皇이 권세를 잡고 서로 살육을 일삼았다. 자한子罕이 이 상황을 수습한다는 명분

---

90) 천즈안陳之安,「關于墨子的兩個問題」,『文史哲』(1991), 제5기, 4쪽.

91) 전체 그림은 墨子研究中心 編,『科聖墨子』(齊魯書祀, 2008) 참조. 그리고 中國墨子(http://zz.tzmao.cn/)에 보면 49 장면이 소개되고 있다.

텅저우시滕州市 무스진木石鎭 화스고우촌化石溝村 성수정聖水井

고대 사상가들의 고향을 찾으면 하나같이 우물이 있다. 당시 물은 현대인에게 상상할 수 없을 정도로 깊은 의미를 지녔으리라. 국내에 최초로 소개되는 사진이다.

소주국유지小邾國遺址

묵자의 조국은 작은 나라라 이름이 계속 바뀌었다. 소주국은 주나라가 건국됐을 때 묵자 조국의 이름이다. 그 흔적이 남아 있다.

묵자성적도「주유열국周遊列國」

묵자도 공자와 마찬가지로 서재에서 책만 파지 않고 자신을 필요로 하는 곳이라면 어디
든지 찾아갔다. 수레를 타고 여러 나라를 돌아다니는 장면을 그렸다.

묵자성적도 「송수묵자宋囚墨子」

묵자는 송나라에 머물 때 정의를 주장하다가 구금되기도 했다. 묵자는 불의를 보면 참지
못하고 나서서 바로잡으려고 했다.

으로 대환을 공격하여 패배시키고 소공마저 축출하고 정권을 장악했다. 묵자는 자한에게 잘못을 간언하자 구금되기에 이르렀던 것이다.

예나 지금이나 한 인물이 유명해지면 과거 조상의 뿌리를 찾게 된다. 묵자도 그렇게 조상의 뿌리를 찾다 보니 왕족의 후예에 이르게 된 것이다. 사실 이렇게 뿌리를 찾다 보면 모두 왕족이 아닌 사람이 없을 것이다. 묵자는 자신이 활약할 당시 왕족의 영광과 완전히 무관한 상태에 있었다. 『묵자』 안에서도 묵자가 천인賤人 신분이었다고 말하는 부분이 나올 정도이다. 하지만 그는 자신의 출생과 형편에 굴하지 않고 후천적으로 노력하여 자신과 뜻을 같이하는 집단의 우두머리가 되었다. 묵자는 자신이 처한 삶의 조건을 뛰어넘어 과거에 영광스런 조상의 자취를 되살려낼 정도로 위인이 된 것이다.

◆ 묵자의 고향

『사기』에 따르면 묵자의 고향은 송나라 지역의 어느 곳이 된다. 『사기』에는 이곳이 정확하게 어디인지 구체적으로 말하고 있지 않다. 지금 묵자의 고향이라 말하는 곳이 두 지역이 있다. 첫째, 산둥성 텅저우시滕州市 무스진木石鎭 화스고우촌化石溝村이고, 둘째 허난성河南省 루산현魯山縣 야오산진堯山鎭 얼랑먀오촌二

텅저우시 무스진 화스고우촌 묵자유적지 조성 조감도

웅장한 조감도가 세월의 무게를 이기지 못하고 너덜거리고 있다. 시작은 요란했겠지만
예산 부족으로 공사가 중단되었다. 국내에 처음으로 소개되는 장면이다.

郎廟村이다.

텅저우는 옛날 소주국의 지역으로 목이와 관련된 유적이 지
금도 많이 남아 있다. 먼저 소주국의 옛터가 남아 있다. 무스진 화
스고우촌에서 목이과目夷戈가 발굴되는 등 많은 청동기 유물이
나왔다. 아울러 목이정目夷亭, 호태산狐駘山(목이산), 목이하目夷河
등 목이와 관련된 지형지물 등이 아직도 남아 있다.

무스진 화스고우촌은 목이와 관련된 이야기가 많을 뿐만 아
니라 묵자의 탄생지로 알려져 있다. 전설에 따르면 묵자가 태어
날 때 봉황이 화스고우촌의 산에 내려앉았는데, 이로부터 락봉산

묵자기념관 정면

산둥성 텅저우시에 묵자를 기념하는 공간이 있다. 묵자를 이해하려면 한 번쯤 꼭 들릴 곳
이다. 현수막의 '반묵班墨'은 공수반과 묵자를 가리킨다. 두 사람은 텅저우시 출신으로 두
사람의 기념관이 가까이 있다.

묵자 반신상

정문으로 들어가면 묵자가 '나'를 뚫어지게 바라보고 있다. '나'는 "왜 왔는가?"라는 그의
질문에 대답을 해야 한다.

落鳳山으로 불리게 되었다고 한다. 락봉산 자락에 묵자의 탄생지를 알리는 공사가 진행되다가 중단된 흔적이 있다.

그리고 텅저우 시내에 묵자기념관이 있다. 기념관을 찾으면 여러 가지 형태의 묵자 동상을 만날 수 있다. 먼저 묵자가 봇짐을 메고 지팡이를 손에 쥔 채 어디론가 길을 떠나는 동상을 만난다. 어려움에 빠진 사람을 돕기 위해 동분서주했던 묵자의 기운이 그대로 전해온다.

건물은 전체적으로 성적청聖迹廳, 과기청科技廳, 종합청綜合廳으로 되어 있다. 성적청은 『공자성적도』, 『맹자성적도』와 비슷하게 묵자의 생애를 모두 62장의 그림으로 소개하고 있다. 과기청에는 묵자가 만든 공성과 수성의 장비 모형이 놓여 있다. 종합청은 묵자가 활약할 당시 도시 시가지를 재현하고 있다.

묵자기념관 옆에 노반기념관魯般紀念館이 있다. 노반은 묵자와 함께 당시 최고의 과학 기술자로 알려진 공수반公輸般을 가리킨다. 『묵자』에 따르면 두 사람은 초나라 왕 앞에서 모의전투를 벌인 것으로 되어 있다. 하지만 기념관을 찾으면 묵적과 노반은 동향 출신의 과학 기술자로 우정을 나눈 사이로 설명하고 있다.

루산현은 또 다른 묵자 고향으로 알려져 있다. 루산현에는 묵자의 고향임을 나타내는 묵자고리墨子故里 표석이 있다. 이 밖에도 루산현 내에는 묵자와 관련된 옛터가 남아 있다. 묵자고거墨子故居, 묵자총墨子塚, 묵자사墨子祠, 묵자묘墨子廟 등이 있다. 이것이

묵자고리 표석

허난성 루산현은 산둥성 텅저우시와 함께 묵자 고향이라 자처하는 곳이다. 루산현은 묵자의 권위를 소유하기 위해 묵자를 향한 뜨거운 사랑을 표시하고 있다.

묵자성적도 「취도강학聚徒講學」

묵자는 자신의 사상에 공감하는 사람을 모아 학문을 연마하고 세상을 구할 기술을 닦았다.

묵자성적도 「조직단체組織團體」

묵자 집단은 학문만이 아니라 군사 훈련과 생산 노동에 종사하여 세상의 혼란에 직접 뛰어들어 질서를 세우고자 했다.

사실이라면 루산현은 묵자가 태어나서 살던 곳이며 죽어서 묻힌 곳이기도 하다. 아울러 루산현 사람들은 그러한 묵자를 기리며 그의 정신을 되살리려는 노력을 하고 있는 셈이다.

아울러 루산현에는 묵자의 사적과 관련해서 여러 가지 이야기가 전해 내려온다. 하나는 묵자가 자신의 사상에 공감하는 사람을 모아서 강학을 한 곳이 있다는 것이다. 또 루산 일대에 온천이 있고 염료가 많이 나와서 염색을 하는 집이 많다. 이것은 묵자가 「소염」에서 염색 공정을 보았다는 이야기와 일맥상통하는 점에서 흥미롭다.

◇ 묵자, 공자와 결별을 선언하다

공자와 노자는 황하 유역에 뿌리내린 사람들이 길어낸 지혜의 보고를 잘 갈무리하여 각각 유가와 도가의 학문을 열었다. 두 사람의 사상은 당시에 크게 주목을 받지 못했다고 하더라도 시간이 지나면서 점차 좋은 공동체를 건설하는 밑그림으로 작용했다.

묵자는 공자와 비슷한 시기이거나 조금 뒤에 태어났다. 아마 두 사람이 직접 만난 적은 없으리라 보인다. 하지만 묵자는 자신의 학문을 형성하는 과정에서 공자의 이름을 들었을 뿐만 아니라 공자의 학문을 배웠으리라 생각된다. 그는 「비유非儒」에서 공자의 학문을 가장 먼저 '유술儒術'로 부르고 유술을 배우는 사람을

'유자儒者'라고 불렀다. 아울러 그는 공자의 사적을 언급하면서 '공모孔某'라고 부르는 등 공자를 분명히 알고 있었다고 할 수 있다.[92]

우리는 「비유」편이 아니라 다른 곳에서도 이러한 주장의 증거를 찾을 수 있다. 『묵자』의 제일 첫 번째 「친사親士」와 두 번째 「수신修身」은 공자의 사상과 별다른 차이가 나지 않는다. 「친사」는 좋은 정치를 하려면 시대의 총아로 등장한 사士 계층을 가까이 해야 한다고 주장하고 있다. 「수신」은 정치가가 자신을 통제할 수 있는 역량을 갖추어야 한다고 주장하고 있다.

묵자의 사상이 공자와 똑같다면 그만의 독창성이 없다. 이것이 사실이라면 우리가 새삼스레 묵자에게 주목할 필요가 없다. 묵자는 공자를 비롯한 유자에 대해 다양한 비판을 했다. 몇 가지만을 살펴보면 다음과 같다. 첫째, 책임 있는 사람이라면 어떠한 상황에서도 자신의 지식과 지혜를 짜내서 공동체의 복지를 증진시켜야 한다.

유자들은 자신에게 유리한 상황이면 앞다투어 이야기를 건네고 자신에게 불리하면 입을 꾹 닫고 아무런 말을 하지 않았다. 자신들의 상황에 따른 합리적인 대처라고 말할 수 있다. 묵자는 유자들이 지극히 기회주의의 태도를 지니고 있다고 비판했다. 묵자

---

92) 「비유」 孔某爲魯司寇, 舍公家而奉季孫. …… 孔某不問酒之所由來而飮.

는 이 점을 종의 비유로 설명했다.

"유자들에 의하면 군자는 종을 닮았다. 치면 울리고 치지 않으면 울리지 않는다. 내가 생각하기에 마땅히 이래야 한다. 군자라면 왕을 충실하게 보필하고 어버이에게 효도하며 좋은 방향으로 나아가면 칭찬하고 잘못이 있으면 고치도록 바른 말을 한다. 이것이 남을 돕는 사람의 도리이다. 그런데 치면 울리고 치지 않으면 울리지 않는다고 하니, 이는 지혜를 숨기고 힘을 아끼며 죽은 척하고 지내다가 물으면 그제서야 대답하는 꼴이 된다."[93]

묵자는 유자들이 너무 몸을 사리느라 자신의 소임을 적극적으로 하지 않는다고 비판한다. 묵자는 상황의 유불리를 따지지 않고 자신이 해야 한다고 하면 무슨 일이든 맡아서 해내는 전투적 특성을 보이고 있다. 이렇게 볼 때 묵자는 유자의 소극성을 받아들일 수 없었던 것이다.

다음으로 묵자는 공자 사상의 핵심을 곧바로 공격했다. 공자는 가족과 이웃을 사랑하는 인仁의 가치를 역설했다. 이 말 자체만으로는 아무런 문제가 없다. 하지만 묵자는 자신의 시대에 왜 전쟁과 약탈이 빈번하게 발생하는지 그 원인을 깊이 따져보았다.

---

93) 「비유」君子若鍾. 擊之則鳴, 弗擊不鳴. 應之曰: 夫仁人事上竭忠, 事親得孝, 務善則美, 有過則諫. 此爲人臣之道也. 今擊之則鳴, 弗擊不鳴. 隱知豫力, 恬漠待問而后對.

상식적으로 사람들은 자신을 공격하지 않고 자신의 가족 재산을 약탈하지 않는다. 그렇다면 전쟁과 약탈은 결국 사람들이 타인을 자신과 같은 사람으로 보지 않고 자신의 욕망을 채울 수 있는 대상으로 보고 있는 것이다.

물론 공자는 이웃을 공격하라고 말하지 않았다. 하지만 공자는 사회의 질서가 가족 사랑에서 출발한다는 점을 누누이 강조했다. 이 주장에 따르면 공자의 사랑은 가족에게 일차적으로 적용되지만 가족 아닌 다른 사람을 어떻게 대우해야 하는가에 대해 적극적인 주장을 하지 않는 셈이다. 여기서 묵자는 공자가 가족 사이의 사랑을 말했지만 결국 사람 사이의 갈등을 일으키게 되었다고 보았다. 묵자는 공자의 사랑을 차별적인 사랑이라며 '별애別愛'라고 부르고, 자신의 사랑을 무차별적인 사랑이라며 '겸애兼愛'라고 부르며 자신과 공자의 차이점을 뚜렷하게 했다.

◇ 약자를 위해 전쟁을 불사하다

묵자 사상의 또 다른 특징이라면 강한 실천 정신이라고 할 수 있다. 우리는 누구나 이웃을 사랑한다고 말할 수 있다. 그리하여 어려운 이웃을 보면 나의 일인 양 도움을 손길을 보낸다. 하지만 내가 일이 많거나 바쁠 때 어려운 이웃을 보고도 그냥 지나칠 수가 있다. 내가 이웃의 불행에 직접적으로 책임이 없으니 나의 일을 우

시리아 내전

현재 시리아는 정부군과 반군의 대립에다 IS의 가세로 혼란을 더해가고 있다. 여기에다 영미와 러시아가 개입하여 해결의 실마리가 보이지 않고 있다. 묵자가 다시 태어난다면 아마 틀림없이 시리아로 갔을 터이다.

영화 「묵공墨攻」(2006) 포스터

묵자 집단의 특성을 나타내는 묵수墨守가 논리적으로 한계를 드러낼 수밖에 없다는 점을 집요하게 파고든 영화이다.

선적으로 해도 도덕적으로 문제가 되지 않는다고 생각한다.

묵자는 "내가 남의 일에 책임 없다고 해서 어디까지 침묵할 수 있을까?"라는 문제를 깊이 고민했다. 오늘날 아프리카에는 부족 간, 인종 간 크고 작은 전쟁이 끊이지 않는다. 우리는 뉴스를 통해 실시간으로 무슨 일이 일어나고 있는지 알고 있다. 전쟁이 일어나면 아이, 어린이 등 사회적 약자가 가장 큰 고통을 겪는다. 우리는 전쟁 소식에 불편한 마음을 느끼지만 "내가 무엇을 할 수 있을까?"라는 물음을 던지면 선뜻 무엇을 해야 한다는 답이 나오지 않는다. "아프기는 하지만 어찌 할 수 없다"는 생각이 든다.

묵자는 "아프기는 하지만 어찌 할 수 없다"라는 생각에 동의하지 않는다. 그는 이웃의 아픔, 이웃 나라의 전쟁이 지금 나의 일이 아니지만 가까운 미래에 나의 일이 될 수 있다고 생각했다. 이를 바탕으로 그는 학자가 세상을 분석하고 미래의 방향을 제시하는 범위에 머무르지 않고 현실에 개입하여 현재의 고통을 없애고 미래의 방향을 직접 이끌어가야 한다고 보았다.

「비공非攻」은 이러한 묵자 사유를 상징적으로 보여주는 편이라고 할 수 있다. 병가, 종횡가 등은 전쟁이 일어날 수밖에 없는 현실을 인정하고 전쟁에서 이기는 기술에 관심을 가졌다. 묵자는 전쟁이 일어나는 원인을 제거해서 전쟁이 아예 일어나지 않게 하려고 했다. 이런 점에서 묵자는 본래 현실적 사고를 중시하지만, 병가, 종횡가에 비해 이상적 경향을 드러낸다고 할 수 있다. 그렇다고 하더라도 현실에서 전쟁이 일어나는 것을 사전에 완전히 예 방할 수는 없다.

전쟁을 부정하지만 일어난 전쟁은 어떻게 해야 할까? 묵자는 일어난 전쟁에 직접 개입하여 공동으로 부당한 침략자에 대응해 야 한다고 보았다. 그래야만 전쟁을 부정하는 논리가 완결되는 것이다. 전쟁이 부당하다고 주장해놓고 일어난 전쟁의 진행에 수 수방관한다면, 주장과 실천이 일관성을 갖지 않는다.

그렇지만 전쟁은 한 개인이 승패를 좌지우지할 수가 없다. 물 자, 군사, 전략 등 막대한 비용이 들어간다. 이에 묵자는 평소 군사 훈련을 실시하여 부당한 전쟁을 물리칠 수 있는 용병 집단을 양성 했다. 즉 묵자 집단은 고전을 읽고 연구하는 학자 집단에 한정되 지 않고 거자鉅子라는 리더를 중심으로 군사력을 갖춘 군사 집단 이었던 것이다.

묵자 집단의 이러한 특성은 세계사적으로 드문 사례라고 할 수 있다. 그만큼 묵자는 이론과 실천의 통일에 대해 민감하고 성 실하게 반응했을 뿐만 아니라 고통받는 사람들을 적극적으로 도 우려는 심성을 가졌다고 할 수 있다. 이런 측면에서 묵자는 세상 을 직접적으로 구원하려는 신적 마음(심성)을 가지고 있었다고 할 수 있다. 묵자에게는 나와 상관없는 남의 일이 있을 수 없다. 이 마음은 노자가 자연의 진행에는 어떠한 자비도 없다는 천지불인 天地不仁과 날카롭게 대비된다고 할 수 있다.

◇ 책 안에 박물관을 짓다

『묵자』는 다른 책에 비해 여러 가지 독특한 특징을 가지고 있다. 쭉 훑어보면 어떻게 한 권의 책 속에 이렇게 다양한 요소가 들어 있을까라는 감탄이 들 정도이다. 대표적인 몇 가지 특징을 살펴보도록 하자.

첫째, 「상현尙賢」에서 「비명非命」에 이르는 열 편이 모두 상중하 세 편의 체제로 되어 있다는 점이다. 지금 현재 10편 모두 상중하 세 편씩 남아 있지는 않지만 형태상으로는 세 편의 꼴을 취하고 있다. 이것은 단순히 형태만이 아니라 내용상으로도 상편에서 중편으로 중편에서 하편으로 나아가며 발전하는 특성을 갖는다. 이 점은 『노자』가 일시에 한꺼번에 쓰이지 않고 오랜 시간에 걸쳐 완성되는 것과 닮았다고 할 수 있다.

둘째, 묵자가 「비유」에서 공자와 유자를 비판하고 있지만 「친사」, 「수신」, 「소염」 등을 읽으면 둘 사이에 상통하는 측면을 찾을 수 있다. 묵자가 겸애兼愛를 통해 공자와 결별을 선언했지만 그렇다고 해서 다시 보지 않을 사이처럼 공자의 모든 점을 거절하는 것은 아니다.

셋째, 「경經」상하, 「경설經說」상하, 「대취大取」, 「소취小取」는 지금까지 말한 내용과 달리 논리학을 다루고 있다. 『순자』의 「정론正論」처럼 제자백가들이 주장하는 이론의 허점을 비판하기도 하고, 오늘날 인문, 사회, 자연과학의 분야를 넘나들며 중요한 개념에 대한 정의를 시도하고 있다.

넷째, 「비성문備城門」 등 '비' 자로 시작하는 편명은 성을 두고 전쟁을 벌일 때 수성과 관련된 기술을 설명하고 있다. 이것은 묵자가 전쟁 반대를 말만으로 주장한 것이 아니라 행동으로 직접 실천하려고 했다는 의지와 노력을 보여준다고 할 수 있다.

세분하면 더 많은 이야기를 할 수 있겠지만 이 정도만으로 『묵자』 한 권에 얼마나 다양한 요소를 담고 있는지를 알 수 있다. 이런 점에서 『묵자』는 한 권으로 세상에 모든 것을 다루는 백과전서에 해당된다고 할 수 있다. 달리 보면 묵자 시대의 모든 것을 보여준다는 점에서 한 권의 책이 한 채의 박물관에 해당된다고 할 수 있다. 이러한 특징은 제자백가 중에서도 보기 드문 특성이라고 할 수 있다. 묵자는 근대에 등장하는 백과전서파의 선구라고 해도 과언이 아니다.

이제 묵자가 세상에 평화를 깊고 널리 실천하기 위해 노력했던 이야기를 들어보도록 하자.

나와 타인을 동등하게 대우하라

묵자墨子는 노자의 사상과 견주어볼 정도로 특징을 가진 인물이다. 묵자는 눈에 보이는 생생한 유有의 세계에 집중하여 먹고사는 구체적인 문제를 해결하고자 했다면, 노자는 사람들이 현실을 넘어 눈에 보이지 않고 한정되지 않는 무無의 세계에 주목하도록 했다. 하지만 '묵자'라고 하면 공자나 노자에 비해 아는 사람이 그렇게 많지 않다. 아무래도 공자, 맹자나 노자, 장자처럼 널리 알려진 스타 사상가 중심으로 소개되다 보니 주목할 만하지만 널리 알려지지 않아 "묻히는" 사상가가 되고 만 듯하다.

우리나라에서 기세춘 선생이 일찍이 1990년대부터 묵자와 예수를 비교하면서 기독교의 하나님이 묵자의 하느님에 맞닿아 있다

묵자기념관의 봇짐을 진 묵자 동상
다부진 눈매가 가고자 하는 목적지를 향
하고 있다. 이번에 묵자는 어느 나라의
문제를 해결하고자 길을 나서는 것일까!

는 점을 설파했다. 그는 『묵자: 천하에 남이란 없다』(1992), 『우리는
왜 묵자인가』(1994)를 잇달아 출판했고, 또 문익환·홍근수 목사와
논쟁을 벌여 『예수와 묵자』(1994)를 내놓았다.(그는 2009년에 『묵자』
를 완역하여 묵자에 대한 식지 않는 관심을 보여주었다.) 이러한 논의를 통
해 기세춘은 제도권의 학계에 있지 않지만 일반 대중에게 묵자의
관심을 불러일으키는 데에 큰 기여를 한 셈이다.

　이제 중국 철학의 비주류라고 할 수 있는 묵자라는 사람과 그
가 무엇을 말하려고 했는지 살펴보기로 하자. 이 과정을 통해 묵자
는 우리가 기억해야 할 또 한 명의 사상가인지 아니면 이전처럼 계
속해서 묻혀 있을 사상가인지 판가름이 날 것이다.

묵자의 이름은 묵적墨翟이다. 사마천은 『사기』에서 묵자에게 독립적인 '열전'을 주지 않았다. 그는 묵자를 맹자와 순자를 다루는 열전의 제일 뒷부분에 간략하게 언급했다. 출신은 송나라 사람이고 활동은 공자와 비슷한 시기 또는 공자보다 조금 뒤에 했다.[94] 이에 의하면 묵자는 고향과 시기 면에서 공자와 겹치는 측면이 있다. 그 밖에 사마천은 묵자가 수성과 방어에 뛰어난 군사 전문가이고 절약을 주장한 인물로 평했다.

이 정도의 사실을 접하면 한 가지가 주목을 끈다. 많고 많은 성 중에 묵자의 성이 '검다', '먹물'을 뜻하는 묵墨씨인 게 관심을 끈다. 이와 관련해서 묵자가 하층 노동 계층 출신이라는 설, 피부색이 먹처럼 검다는 설, 먹줄을 사용하는 직업과 관련이 있다는 설, 죄를 지어 이마에 묵형을 받았으리라는 설 등이 있다.[95] 실로 흥미진진한 여러 가지 주장이 있지만 어느 것 하나가 맞다는 결정적인 증거는 없다. 다만 이러한 설들 중에 고상하게 책을 읽는 계층보다는 유독 생산 노동과 관련된 것이 많다. 이런 점은 묵자의 사상과도 어느 정도 연관성이 드러나고 있으므로 신빙성이 있다고 할 수 있다.

묵자의 사상은 오늘날 『묵자』로 알려진 책에 담겨져 있다. 그

---

94) 사마천, 정범진 외 옮김, 『사기 열전』 상(까치, 1995), 210~211쪽.

95) 이운구·윤무학, 『묵가철학연구』(성균관대학교 대동문화연구원, 1995), 18~20쪽 참조.

의 대표적인 사상을 파악하기는 그렇게 어렵지 않다. 왜냐하면 책의 편명에 그의 대표적인 사상이 반영되어 있기 때문이다. 열 가지 편명은 묵자의 핵심 사상을 나타낸다는 점에서 "묵자 십론十論"으로 불린다. 예를 들면 뛰어난 사람을 높이자는 상현尙賢, 윗사람과 의견을 같이하라는 상동尙同, 모든 사람을 차별 없이 사랑하라는 겸애兼愛, 침략 전쟁을 반대하는 비공非攻, 정부의 급하지 않은 비용을 아끼라는 절용節用, 장례의 절차와 비용을 줄이자는 절장節葬, 하느님의 뜻을 믿고 따르라는 천지天志, 인과응보를 나타내는 귀신의 존재가 있다는 명귀明鬼, 뚜렷한 효과도 없이 사치와 낭비로만 쓰이는 음악을 금지하라는 비악非樂, 현재의 신분에 안주하는 숙명론을 비판하는 비명非命 등이 십론의 주제이자 내용이다.

묵자의 십론은 철저하게 춘추전국이라는 시대의 문제 상황을 풀기 위해 주장된 이론이다. 예컨대 '비악'은 생계와 전쟁의 문제가 해결되지 않는 상황에서 왕족과 귀족 몇몇을 위한 호화로운 예술 공연을 비판하는 것이다. 묵자가 모든 상황에서 음악과 무용의 공연을 금지해야 한다고 말하지 않았다. 따라서 시대와 발언의 문맥을 살피지 않고 추상적인 차원에서 묵자를 이해하려고 한다면, 묵자 사상에 대한 편견과 오해가 생겨나게 된다. 시대와 동떨어진 묵자 이해는 묵자 사상을 왜곡하는 출발점이라고 할 수 있다. 즉 묵자는 초역사적인 이론을 세우려고 한 것이 아니라 지금 당면한 문제를 해결하기 위해 당연하게 여기는 삶의 길을 성찰하고 그것을 바탕으로 실천적인 해결책을 모색하고자 했던 것이다. 오늘날 학문 분류로 보면 묵자 사상은 사회학의 특징이 강하다고 할 수 있다.

묵자는 왜 십론을 자기 사상의 핵심 주제로 삼았을까? 그것은 묵자의 시대 인식과 맞닿아 있다. 시대를 마주하고 있으면 하루바삐 해결되어야 하는 열 가지 주제이기 때문이다. 그것이 해결되지 않는다면, 사상은 사상으로서 제 역할을 하지 못한다고 할 수 있다.

그는 정치라고 하면 응당 "세상 사람들의 이익을 일으키고 재해를 없애는 흥리제해興利除害", "가난한 자를 풍족하게 하고 힘없는 자에게 힘을 실어주는 부빈중과富貧衆寡", "위태로운 것을 안전하고 혼란한 것을 질서 있게 만드는 안위치란安危治亂"을 실현해야 한다고 했다. 묵자가 볼 때 과거의 정치 지도자들은 세 가지 정치적 목표를 실천하기 위해 말만이 아니라 실제로 그렇게 노력했다. 반면 현실의 정치 지도자들은 말로는 정치적 목표를 해결하겠다고 하지만 실제론 반대로 움직였다. 즉 "말과 행실이 서로 어긋나서 비난할 뿐만 아니라 반대되는 형국"인 셈이다.[96]

그 결과 묵자는 자신의 시대가 시비를 가리는 기준을 상실했다고 보았다. 예컨대 어떤 사람이 남의 밭이나 과수원에 들어가 복숭아, 자두, 참외 등을 훔쳤다고 하자. 공직자만이 아니라 일반 사람

---

96) 묵자는 주장의 논리적 일관성과 정합성을 강조한다. 그는 자신과 상반되는 주장을 비판할 때 그 주장에 담긴 모순과 오류를 찾아내려고 했다. 「겸애」하 言相非而行相反與, …… 言必信, 行必果, 使言行之合, 猶合符節也. 「절장」하 言則相非, 行則相反.

들도 모두 그 사람이 나쁘다고 비판한다. 그는 아무런 노력을 하지 않고 남의 결실을 훔쳐 갔기 때문이다. 또 어떤 사람이 남의 집에 들어가 재물이나 소와 말을 훔쳤다고 하자. 사람들은 앞의 경우보다 더 비난할 것이다. 피해의 정도가 심하기 때문이다.[97]

당시 제후들은 다른 나라로 쳐들어가서 무고한 사람을 죽이고 재물을 약탈하거나 심지어 한 나라를 멸망시켜서 자국의 행정 구역으로 삼았다. 피해가 앞의 두 경우보다 더 심했으면 심했지 결코 덜하지 않다. 그럼에도 불구하고 어느 누구도 침략 전쟁이 잘못됐다고 말하지 않고 오히려 승리자를 혁혁한 전공을 세운 영웅으로 치켜세웠다. 바로 이러한 전도된 현상이 묵자가 풀고자 했던 문제였다. 즉 전쟁은 명백한 악인데도 불구하고 현실에서 선으로 평가되고 있었던 것이다.

묵자는 전도된 현상을 경험하면서 그 원인을 찾고자 했다. 그는 생각에 생각을 거듭한 끝에 다음의 결론에 도달했다. 사람들이 타인을 해쳐서라도 자신의 이익을 꾀하려고 하는 약탈적 탐욕을 부리기 때문에 전쟁은 일어날 수밖에 없는 것이다. 그의 생각을 천천히 살펴보기로 하자. 우리는 아무리 배가 고파도 자신의 신체 일부를 훼손하지 않는다. 우리는 어떤 물건이 탐이 난다고 해서 자신의 것

---

97) 「비공」상 今有一人, 入人園圃, 竊其桃李, 衆聞則非之, 上爲政者得則罰之, 此何也? 以虧人自利也. …… 至入人欄廐, 取人馬牛者, 其不仁義, 又甚攘人犬豕雞豚, 此何故也? 以其虧人愈多, 苟虧人愈多, 其不仁玆甚, 罪益厚.

을 훔치지 않는다. 아니 그러한 말조차 성립되지 않는다.

하지만 배불리 먹을 수 있는 것을 내가 아니라 남이 가지고 있고, 탐나는 물건을 내가 아니라 남이 가지고 있다면, 사정이 달라진다. 남이 나에게 선뜻 주지 않는다면, 나는 남을 해쳐서라도 음식과 물건을 내 것으로 만들려고 한다. 개인의 경우가 아니라 집안과 나라의 경우도 마찬가지이다. 한 나라는 자신의 나라를 상대로 전쟁을 벌이지 않는다. 그러한 말 자체가 성립되지도 않는다. 그렇지만 다른 나라의 땅과 재물이 탐이 나면, 나는 병사를 동원해서 다른 나라의 땅과 재물을 빼앗으려고 한다.

여기서 묵자는 경쟁과 전쟁이 결국 나와 남의 이익과 피해를 구분하는 사고에서 생겨난다고 보았다. 따라서 나와 남의 이익과 피해를 구분하지 않는다면, 전쟁으로 치닫는 시대의 광기를 잠재울 수 있다고 생각했다. 그는 이 주장을 "나를 돌보는 것처럼 남을 돌보라!"[98]라는 테제로 표현해냈다. "위피유위기爲彼猶爲己"는 현대 사회에서 실현하고자 하는 평등과 박애 정신으로 이어질 만한 내용을 담고 있다.

이렇게 보면 묵자 사상은 현대인의 바람직한 삶을 구성할 수 있는 내용을 담고 있다고 할 수 있다. 그런데 왜 묵자는 철저하게 묻혀 있었을까? 그의 사상이 중국 철학의 주류가 되지 못하고 비

---

98) 「겸애」하 爲彼猶爲己.

주류로 남아 있었기 때문이다. 묵자 사상이 비주류였다고 해서 과거에도 별다른 역할을 하지 못했다고 단정할 수는 없다.

비주류로서 묵자 사상과 주류로서 공자 사상은 끊임없이 새로워질 수 있는 자극과 에너지를 제공했다. 공자 사상은 가족 윤리로 전락될 수 있는 위험성을 안고 있다. 묵자가 "위피유위기"를 외치는 한 공자의 후학들은 공자 사상이 가족 이기주의로 떨어지지 않는 길을 찾아내야 했다. 이처럼 공자는 묵자가 있었기 때문에 더욱 빛나는 별이 될 수 있었다. 물론 묵자는 공자를 더 빛나는 별로 만드는 역할에 한정되지 않을 만한 특성을 가지고 있었다.

학문의 본령은 배움을 실천하는 것

소비자의 선택을 기다리는 상품은 기성의 제품과 달라야만 살아남는다. 스티브 잡스가 IT의 분야를 개척하고 업그레이드된 아이폰과 아이패드와 같은 신상품을 내놓으니 소비자는 줄을 서서라도 물건을 사려고 했다. 냉장고, 세탁기, TV와 같은 가전 제품은 더이상 새로운 물건은 아니지만 기능을 획기적으로 개선한 제품으로 소비의 선택을 기다리고 있다. 음식점도 남들이 하지 않은 메뉴로 승부를 걸 때 찾는 사람이 많다. 이처럼 산업과 서비스업은 "남과 달라야 한다"라는 사고가 기본으로 깔려 있다.

사상 분야도 이전과 같은 소리가 아니라 다른 소리를 내야 철학사의 한 페이지를 장식하게 된다. 똑같은 말을 하는 사람을 주시

할 필요가 없다. 하지만 이전과 다르고 남과 같지 않다고 해서 사람들의 환영을 받는 것은 아니다. 다르기만 할 것이 아니라 논리를 갖추고 근거를 제시해야 한다. 그렇지 않으면 다름으로 인해 한때 사람들의 주목을 받을 수 있지만 시간의 검증에 의해 철학사에서 사라질 수밖에 없다.

묵자는 춘추전국시대를 살았기 때문에 그의 사상에는 다른 사상가와 공유하는 측면과 그만의 독특한 주장이 뒤섞여 있다. 이러한 측면은 묵자에게만 나타나는 것이 아니라 공자나 노자와 같은 널리 알려진 인물에게도 공통으로 나타나는 것이다. 묵자의 책을 펼치면 첫 번째로 인재를 가까이 하라는 「친사親士」가 나오고[99] 두 번째로 도덕적 수양이 중요하다는 「수신修身」이 나온다.[100] 이 두 편을 읽어보면 묵자는 시대와 공동체를 이끌어가는 지도자가 지녀야 할 덕목과 관련해서 공자와 비슷한 관점을 보이고 있다.

주周나라의 천자가 정치적 통합의 리더십을 발휘할 때 공동체는 천자-제후-경卿-대부大夫-사士로 이어지는 계급적 질서와 세습적 신분에 의해 유지되었다. 오늘날 대통령제의 정부에서 대통령-장관-도지사-시장·군수로 직무가 이어지고, 기업에서 회장-사장-

---

99) 「친사」 入國而不存其士, 則亡國矣. 見賢而不急, 則緩其君矣. 非賢無急, 非士無與慮國. 緩賢忘士, 而能以其國存者, 未曾有也.

100) 「수신」 原濁者流不淸. 行不信者名必耗. 名不徒生, 而譽不自長. 功成名遂, 名譽不可虛假. 反之身者也.

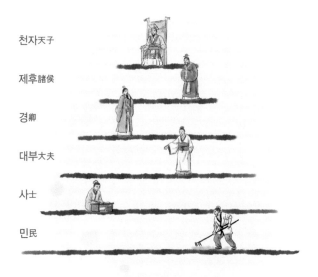

천자天子

제후諸侯

경卿

대부大夫

사士

민民

전무-상무-부장-과장-대리-사원의 조직으로 업무가 추진되는 것과 비슷하다.

하지만 약육강식이 진행되면서 천자 중심의 질서가 무너지고 개별 제후국이 독립 국가로서 치열한 생존 경쟁을 벌이면서 상황이 달라졌다. 오늘날 기업 간의 경쟁이 치열해지면서 망하거나 인수 합병되는 일이 생겨나는 것과 닮았다. 이렇게 강한 나라가 등장하면 새로 점령한 지역에 행정 업무를 맡고 세금을 관리하고 치안을 유지하는 실무자가 대량으로 필요로 하게 된다. 이때에는 고위 관료보다도 실무를 탁월하게 처리하는 전문가가 환영을 받았다.

그 결과 기존에는 지배 집단의 최하층에서 명령과 지시에 따라 제한된 업무를 하던 사士가 이제 특정 지역과 업무를 추진하는 재량권을 가지게 되었다. 주나라의 천자 중심 질서에서 개별 국가가 경쟁하던 춘추전국시대로 넘어오면서, 사는 사회적으로 환영을 받으면서도 실제로 가장 많이 성장한 계층이었다. 그들은 시대의 총아라고도 할 수 있다. 그래서 『논어』나 『묵자』를 읽으면 "사를 존중하라"는 정치 지도자들의 공통된 목소리를 만날 수 있다.

'친사'는 오늘날의 말로 하면 대학의 창의인재, 기업의 인재 경영과 같이 "인재를 키우라!"라는 요구와 통한다. 묵자의 전제는 이렇다. "국정을 맡고 인재를 찾아서 옆에 두지 않으면 나라가 망할 것이다. 뛰어난 인물을 보고서도 서둘러 기용하지 않으면 그들도 군주를 홀대할 것이다. 뛰어난 인물을 홀대하고 인재를 잊고서 나라를 보존할 수 있었던 왕은 일찍이 없었다."[101]

묵자는 정치 공동체의 운명이 인재와 뛰어난 인물을 활용하는 데에 달려 있다고 보았다. 정치 분야를 비롯해서 경제, 스포츠, 학계 모두 뛰어난 인물을 급하게 쓰고 인재를 가까이하는 급현친사急賢親士에 신경 쓰지 않고 뛰어난 인물을 홀대하고 인재를 잊어버리는 완현망사緩賢忘士에 빠져 있지 않은지 돌아볼 일이다. 묵자는 시대의 문제를 헤쳐나갈 뛰어난 인물과 인재가 있는데도 그들이 기

---

101) 「친사」 緩賢忘士, 而能以其國存者, 未曾有也.

회를 얻지 못해서 공동체가 위기 상황에 빠져 있는 것을 누구보다도 안타까워했던 것이다. 인재를 널리 구할 생각을 하지 않고 바로 코앞에 있는 사람만을 찾으면서 "인재가 없다", "사람이 없다"라고 볼멘소리를 한다면, 현안을 해결하지 못해 무능하다는 소리를 들을 뿐만 아니라 다른 사람을 믿지 못해 꽉 막혀 있다는 소리를 들을 것이다.

두 번째 「수신」에서 묵자는 서서히 자신의 목소리를 내기 시작했다.

> "군자가 전쟁을 할 때 진법의 운용이 중요하다고 하더라도 용기가 근본이고, 상례를 치를 때 예법이 중요하다고 하더라도 슬픔이 근본이고, 사士가 학문을 배워야 한다고 하더라도 실천이 근본이다."[102]

전쟁 중에는 많은 병사를 하나의 몸처럼 자유자재로 움직여야 전력을 극대화시킬 수 있다. "돌격, 앞으로!"라는 명령을 내렸는데, 장병이 제각각 움직인다면 병사가 많아도 전투 역량이 크다고 할 수 없다. 이러한 문제를 해결하기 위해 평소 진법陣法을 갈고 닦아야 한다. 진법은 이순신 장군의 '학익진鶴翼陣'처럼 병사를 부대와 임무별로 배치하고 작전에 따라 병사를 한 몸처럼 움직일 수 있는

---

102) 「수신」 君子, 戰雖有陳, 而勇爲本焉. 喪雖有禮, 而哀爲本焉. 士雖有學, 而行爲本焉.

방법이다. 병사들이 아무리 진법을 숙지하고 있다고 하더라도 적을 만나서 겁을 집어먹는다면 아무런 소용이 없다. 적에 맞서서 싸울 수 있는 용기가 없다면 진법은 부용지물이 되는 것이다.

상례喪禮는 죽은 자를 다른 세계로 보내는 절차이다. 상례에 비싼 물건을 준비하고 화려한 장식을 갖추면 다른 사람이 보기에 좋다. 하지만 상례를 치를 때 상주나 가족들이 죽은 자를 위해 슬퍼하지 않는다면 상례의 본령을 잃은 것이다. 이렇게 묵자는 전쟁과 상례의 본령을 말하면서 초점을 학문으로 옮기고 있다. 인재는 당연히 학문을 갈고 닦아야 한다. 하지만 그 학문은 학문을 위한 학문이 되어서는 안 된다. 학문은 반드시 배운 것을 실천으로 옮기는 것을 본령으로 삼아야 한다는 것이다. 즉 묵자는 학문이 삶에서 "살아 있는 학문"이 되려면 반드시 "실천하는 학문"이 되어야 한다는 방향을 밝히고 있다. 이것은 사실 묵자 사상의 가장 중요한 특징이라고 할 수 있다.

나중에 살펴보겠지만 묵자는 침략 전쟁을 반대했다. 그는 "침략 전쟁을 반대한다"는 주장만 한 것이 아니라 군사 집단을 조직하여 실제로 침략을 당하는 나라를 군사적으로 돕는 용병의 역할을 했다. 이처럼 묵자는 이론과 실천의 통일을 자기 사상의 요체로 삼았던 것이다. 사실 이러한 특성은 세계사적으로 유례를 찾아보기 힘든 묵자 사상의 독특한 점이라고 할 수 있다. 공자는 부당한 침략 전쟁을 응징하기 위해 연합군을 결성하자고 주장하는 정도에

묵자성적도 「양산관염梁山觀染」

묵자가 제자들과 양산을 거닐다가 염색 장면을 보게 되었다. 그는 염색 공정을 살피다가
환경이 사람에게 끼치는 영향을 깊이 깨닫게 되었다.

그쳤다. 노자는 전쟁이 사람을 얼마나 비인간적으로 만들고 사회
를 얼마나 황폐하게 만드는지 고발하는 목소리를 높였을 뿐이다.

세 번째 「소염所染」에 이르면 묵자는 일상의 경험을 통해 이제
까지 누구도 내놓지 않았던 환경 결정론을 주장했다. 묵자는 옷감
을 염색하는 광경을 눈여겨본 적이 있었던 모양이다.

"옷감을 파란 물감에 물들이면 파랗게 되고, 노란 물감에 물들이면

노랗게 된다. 넣는 물감이 바뀌면 옷감의 색깔도 다르게 된다. 옷감을 다섯 차례 물감의 통에 넣으니 마침내 다섯 가지 색깔이 나왔다. 따라서 염색은 신중하지 않을 수가 없다."[103]

아이가 염색 광경을 봤더라면 신기하다고 생각했을 것이다. 마치 마술처럼 옷감의 색깔이 순식간에 바뀌기 때문이다. 묵자는 아이가 아니라 어른의 눈으로 염색 과정을 지켜보면서 인문학적 사고를 했다. 그는 하얀 색의 천이 염색 물통에 따라 색깔이 달라지는 것을 보고서 그것을 국가 운영으로 옮겨가서 생각을 했다. 군주가 현신을 만나면 명군明君이 될 것이고, 간신을 만나면 암군暗君이 될 것이다. 현신은 군주가 나쁜 길로 가면 내버려두지 않고 올바른 길로 견인하려고 하는 반면, 간신은 올바른 길을 가려는 군주마저 나쁜 길로 유혹하기 때문이다.

묵자는 염색을 옷감의 염색에만 국한시키지 않고 상상력을 발동하여 인문학적 상상을 펼치고 있다. 이로써 그의 관찰력이 뛰어날 뿐 아니라 사고의 연상 능력이 예사롭지 않다는 것을 알 수 있다. 익숙한 일이기에 그냥 지나쳐버릴 만한 일도 눈여겨보면서 상상력을 발휘하다 보니 자신을 갈고 닦는 지혜를 끌어낼 수 있는 것이다. 묵자는 매서운 눈과 유연한 사고를 가진 인물인 셈이다.

---

103) 「소염」染於蒼則蒼, 染於黃則黃. 所入者變, 其色亦變. 五入畢, 則爲五色. 故染不可不愼也.

성왕현신聖王賢臣의 황금 조합

한 나라가 잘 되려면 왕만 현명해서도 안 되고 그를 보좌하는 신하도 출중해야 한다. 전설에 따르면 순임금과 우, 탕임금과 이윤 등은 성왕현신의 대표적 사례로 널리 알려져 있다. 성왕현신의 반대가 바로 암주간신暗主姦臣이다. 은나라 마지막의 주왕紂王과 악래가 이런 관계이다.

이렇게 묵자는 사士라는 인재의 가치를 높이 친다는 점에서 춘추전국시대의 제자백가와 같은 목소리를 내기도 하면서 실천적 학문과 환경 결정론처럼 자기만의 목소리를 크게 내고 있다. 이것만으로도 우리는 묵자의 이야기에 귀를 기울일 만하다. 특히 창의적인 인재를 찾는 소리가 드높은 요즘, 시대를 이끌 인재를 키우고자 했던 묵자의 이야기는 더욱더 관심을 끌 만하다.

편가름의 갈등에서
아우름의 협력으로 나아가자

경쟁(전쟁)이 일상화되면 그것 이외의 다른 길을 생각하기가 어렵다. 합의와 조정에 따라 일을 처리할 수 있음에도 불구하고 과거부터 해오던 관성 때문에 경쟁에 의지하게 된다. 이렇게 관습과 문화 그리고 법률과 제도만이 아니라 과학과 기술에 이르기까지 삶의 틀이 한번 모습을 드러내면, 외부의 자극을 받아 환경과 조건이 변한다고 하더라도 과거로부터 익숙한 틀이 그대로 살아남게 된다. 이처럼 과거의 틀이 관성inertia으로 작용하여 패턴이 쉽게 바뀌지 않는 것을 '경로 의존성path dependence'이라고 한다.

사람은 경쟁의 시대에 살아남으려면 힘을 키워야 하고, 그 힘을 키우려면 나의 역량을 극대화시켜야 하고, 이를 바탕으로 남을 공격하여 내가 살아남을 수 있다는 것이다. 즉 전쟁에서 살아남기 위해 다시 전쟁을 벌여야 한다는 논리가 생겨났다. 묵자는 경로 의존성에 따라 거의 자동적으로 반응하는 시대의 관성을 완전히 새로운 각도에서 성찰하고자 했다. 아울러 생존에 과연 전쟁 이외에 다른 길이 없는지 같은 시대의 사람들에게 의문을 제기했다. 이러한 의문은 기업의 활동에도 적용될 수 있다. 보통 경쟁 업체는 제품 개발과 영업에서 사활을 건 경쟁을 벌인다. 하지만 과도한 경쟁이 선善인가라는 의문이 들면서 동종 업체만이 아니라 이종 업체 간의 협력에 대한 필요성이 증대되고 있다.

한번 전쟁에서 진 나라가 다음에 다시 전쟁을 일으킨다면, 전쟁에 의한 생존은 결국 일시적일 수밖에 없다. 즉 상대를 완전히 멸망시키거나 대항할 의지를 철저하게 꺾어둔다면 모를까, 그렇지 않으면 힘을 길러서 언젠가 싸움을 걸 수가 있다. 따라서 전쟁은 안전한 생존을 위한 좋은 길이 아니라 일시적인 길일 뿐이다. 따라서 안전한 생존을 위해 전쟁이 아닌 다른 길을 찾아야 한다. 이 때문에 묵자는 사람들이 전쟁의 한계를 알면서도 다시 전쟁에 의존하게 될까 봐 "꼭 전쟁을 벌여야 하는 것일까?"라는 질문을 던졌다. 이러한 의문은 "무조건 고!"를 외치는 것이 아니라 지나온 자취를 성찰하고 다가올 미래를 기획하는 인문학(철학)의 성찰에 어울리는 일이라고 할 수 있다.

안전한 생존을 위한 다른 길은 의외로 쉽다. 내가 상대를 공격하지 않고, 상대도 나를 공격하지 않으면 평화가 유지된다. 전쟁이 아니라 평화가 바로 안전한 생존을 위한 대안이 되는 것이다. 이러한 손쉬운 길이 있음에도 불구하고 왜 사람들은 전쟁에 의존하게 되는 것일까? 사람들은 내가 상대를 공격하지 않는다고 하더라도 상대가 나를 공격하지 않으리라는 것을 어떻게 믿을 수 있느냐고 반론을 제기했다. 결국 전쟁으로 향하는 동시대 사람들의 사고에는 나는 믿을 수 있지만 남을 믿을 수 없다는 상호 불신이 깔려 있었다. 다시 이 불신은 나와 남을 함께 묶어주는 공동의 가치가 부재하고 나와 남을 공동의 운동체로 여기지 않는 습관에서 생겨나는 것이다.

이제 묵자는 동시대 사람들과 전혀 다른 전제에서 출발하여 새로운 공동의 가치를 세우고자 했다. 나와 남이 동일한 운명 공동체에 속해 있고 공통의 가치를 가지고 있다고 가정해보자. 그러면 내가 남을, 남이 나를 공격할 이유가 없다. 묵자는 비유를 통해 이러한 사고의 타당성을 밝히고자 했다. 내가 아무리 공격 성향이 강하다고 하더라도 나 자신을 침략하지 않는다. 마찬가지로 나의 나라에 아무리 많은 재물이 있다고 하더라도 나는 나의 나라를 침략하지 않는다.

이처럼 나와 남을 단일한 공동체로 여기게 되면 내가 남을 공격하여 상대의 힘을 약화시킨다든지 남의 것을 빼앗아 나를 살찌운다든지 나와 남을 구별하는 사고와 행동을 하지 않게 된다. 묵자는 이에 "나를 돌보는 것과 똑같이 남을 돌보라!"는 "위피유위기 爲彼猶爲己"를 내세웠다. 위피와 위기를 구별하는 사람은 묵자의 이러한 주장을 쉽게 이해할 수 없을 것이다. 구별하는 사고방식에 익숙한 경로 의존성을 따르기 때문이다. 구별하는 사고의 한계를 인정한다면 묵자의 주장에 동의하지 않더라도 그의 반론을 따라가볼 만하다.

겸兼 자의 구성

禾, 禾, 手. 한 손으로 벼 두 포기를 쥔 모양이다. 두 포기는 자신을 넘어 타자와 연대하는 측면을 상징적으로 나타낸다.

묵자는 "나와 남을 동등하게 대우하라!"고 옮길 수 있는 "위피 유위기"에서 출발하여 독특한 개념을 내놓았다. 겸兼과 별別이 바로 그것이다. 별은 나누다, 가르다는 뜻이고, 겸은 아우르다, 합치다의 뜻이다. 특히 겸兼 자는 글자 안에 사람이 손 수手로 두 포기의 벼 화禾를 움켜쥐는 글자를 포함하고 있다. 즉 겸兼 자는 두 포기의 벼가 합쳐진 꼴이다. 묵자는 별과 겸에다 애愛 자를 결합하여 별애別愛와 겸애兼愛의 개념을 만들었다. 별애는 사람이 혈연, 국가 등의 개별적 소속에 따라 타인을 차별적으로 대우하는 것이고, 겸애는 소속을 따지지 않고 동등하게 대우하는 것이다.

묵자는 당시의 혼란과 전쟁이 결국 소속끼리 적대적 경쟁을 벌이면서 생겨났다고 보았다. 그의 해결 방향은 분명하다. 지금까지 소속에 따른 무한 경쟁을 소속을 초월하는 연대로 바꾸는 것이다. 그는 이를 "겸으로 별을 바꾸자!"는 "겸이역별兼以易別"을 주장했다. 묵자는 "겸이역별"을 단순히 주장만 한 것이 아니라 사회적으로 실천하고자 했다. 이러한 노력의 대표적인 실례가 바로 묵자 집단의 용병화이다. 약한 공동체가 아무런 이유 없이 강한 상대의 공격을 받으면, "겸이역별"의 방향을 어기게 된다. 묵자 집단은 침략을 받아 위기를 겪는 약한 나라에 용병을 보내 공동 방위를 실시했다. 이론과 실천을 통일시키려는 노력이라고 할 수 있다. 묵자 집단은 자신들의 핵심 가치를 수호하기 위한 군사 조직을 가지고 있었다. 이런 점에서 묵자 집단은 시대를 이끌어가는 전위 조직이자 세계사에 유례를 찾아보기 힘든 독특한 학문 공동체라고 할 수 있다.

묵자 집단의 이론과 실천은 당시 많은 호응을 얻었다. 주나라와 천자가 정치적·군사적 구심점 노력을 하지 못하자 강한 나라가 약한 나라를 맘껏 유린하는 상황에서 묵자 집단은 공격받는 약자를 지켜주는 구세주와 같았다. 그래서 묵자보다 뒤에 활약했지만 역사적 사정에 밝았던 한비자는 묵자를 당시에 가장 잘 나가는 학문, 즉 현학顯學이었다고 말했다. 한번 생각해보자. 아무런 까닭 없이 강한 나라가 약한 나라의 땅과 자원을 욕심내서 침략을 벌이려고 한다. 약한 나라는 주위 나라에게 도움의 손길을 호소했지만 아무런 호응이 없다. 다른 나라도 강한 나라의 눈치를 보지 않을 수 없기 때문이다. 사정이 이렇게 되면 국제 질서는 이상보다 힘 위주로 유지되게 된다. 그러한 상황에서 묵자 집단이 아무런 제어를 받지 않는 강한 나라의 침략에 맞서 약한 나라의 위기를 구해주려고 했으니 어느 나라의 사람들이 싫어할 수 있겠는가?

하지만 묵자 집단의 빛나는 성과와 넓은 지지에도 불구하고 겸애에 대한 비판의 목소리도 커지고 있었다. 당시 비판의 목소리를 복원하면 다음과 같다. "겸애의 가치와 방향은 분명 옳다. 하지만 사람은 가족과 국가처럼 자신의 소속 집단을 우선시한다. 따라서 겸애가 현실에서 보편적으로 실천될 수 있을까?" 즉 겸애가 현실적으로 실천 가능한가라는 의문을 제기하는 것이다. 보통 사람들은 남의 집 아이보다 내 아이의 입에 음식이 들어가는 것이 더 중요하고, 보이지 않는 먼 곳 사람의 사정보다는 주위 사람이 잘 사는 것이 더 절실하고, 내 나라 사람의 안전에 다른 나라 사람의 생명 유지보다 더 관심을 둔다고 할 수 있다. 이에 의하면 사람이 겸애의 가치를 인정한다고 하더라도 현실에서 겸애에 반하는 행동을 하게 된다는 논리이다.

이에 대해 묵자는 한 가지 흥미로운 사유 실험을 제안했다. 어떤 사람이 사신의 임무를 띠고 조국으로 다시 돌아올지 모르는 위험한 길을 떠난다고 가정해보라. 그 사람은 누구에게 자신을 대신하여 가족을 잘 돌봐달라고 부탁을 하지 않을 수가 없다. 그렇게 하면 불안을 줄일 수 있기 때문이다. 그 사람은 별애론자와 겸애론자 중 누구에게 자신의 가족을 부탁하고 길을 떠날까? 묵자의 답은 이렇다. 사신이 겸애론자이면 당연히 가족의 신변을 겸애론자에게 부탁할 것이다. 설혹 사신이 별애론자라고 하더라도 겸애론자에게 가족의 안전을 부탁할 것이다. 별애론자는 친구의 부탁을 받고서도 오히려 그 가족을 해치고 재산을 빼앗을 수 있지만 겸애론자는 그렇지 않을 것이기 때문이다. 사신이 어떤 가치를 믿느냐에 상관없이 겸애론자를 선택한다면, 겸애는 결코 비현실적이지 않다.

묵자는 전쟁의 시대를 살면서 적대적인 경쟁으로 달려가는 사람들의 경로 의존성을 타파하려고 했다. 그것이 바로 기성의 사상가와 달리 경쟁보다 연대에 주목을 하게 된 배경이다. 오늘날 우리도 변화와 창조를 외치면서도 늘 그렇게 살아온 관성에 따라 반대로 나아가는 역설적 상황을 연출하곤 한다. 창조의 시대에 모방과 답습의 패턴을 따르는 꼴이다. 더 희극적으로 말하면 창조를 학원 가서 배우는 꼴이라고 할 수 있다. 묵자라면 사람들에게 시대의 전체를 뒤집는 발상의 전환과 새로운 가치를 실현할 수 있는 물질적·제도적 장치까지 대비하라고 주문할 것이다. 우리는 과연 변화를 일굴 비전만이 아니라 용기와 실천 의지를 가지고 있는지 묵자의 주장에 따라 스스로 반성해볼 일이다.

'전쟁 반대', 말보단 행동으로 실천

우리는 전쟁이 없는 평화로운 세상에 살기를 바란다. 길 가는 사람을 잡고서 "전쟁을 바라느냐 평화를 바라느냐?"라고 묻는다면, 아마도 모든 사람이 평화를 바란다고 대답할 것이다. 인류의 역사가 시작된 이래로 전쟁의 포성이 완전히 멎었던 때가 있었을까? 그렇지 않다. 심지어 전쟁을 없애기 위해서라도 전쟁을 벌여야 한다고 주장하고, 또 평화를 지키기 위해 전쟁을 준비해야 하거나 전쟁을 할 수밖에 없다고 말한다. 이래저래 전쟁이 없을 날이 없다. 사정이 이러하니 인류의 문명과 정신이 가장 발달했다는 현대에도 '이슬람 국가Islamic State' 세력이 활약하는 이라크와 시리아처럼 지구촌 곳곳에서 전쟁이 진행 중이다.

주나라 문왕과 무왕

두 사람은 부자 사이로, 오늘날 말로 하면 주나라를 건국한 영웅들이다.

전쟁을 바라지 않지만 전쟁이 일어나지 않게 할 수 없는 것이 인류의 피할 수 없는 운명일까? 묵자는 인류사에서 "어떻게 하면 침략 전쟁을 없앨 수 있을까?"라는 문제를 가장 진지하게 고민한 사상가 중의 한 명이다. 그는 전쟁이 일어나는 원인을 "나와 남을 차별적으로 대우하는 적대적 대립"에서 찾았고, 전쟁을 일으키는 세력을 응징하는 국제 연합과 같은 역할을 실제로 수행했다. 즉 그는 말만 "전쟁을 반대한다!"라고 외친 것이 아니라 전쟁을 일으키면 그것에 상응하는 책임을 반드시 져야 한다는 사실을 행동으로 보여주었다. 묵자가 전쟁을 없애기 위해 동분서주했던 여정을 따라가 보기로 하자.

오늘 중국 전도를 보면 주나라, 진나라, 한나라는 모두 시안西安, 즉 서쪽으로 치우진 곳에 수도를 세웠다. 주나라 천자天子는 동쪽에서 변란이 일어나면 신속하게 대응하기 어렵다는 점을 걱정했다. 이 때문에 주나라는 140여 명의 왕족과 건국 공신들을 군사적 정치적 요충지에 공公·후侯·백伯·자子·남男의 제후諸侯로 세웠다. 그들은 유사시에 외적이 주나라 천자를 공격하지 못하게 중도에서 막는 울타리 역할을 했다. 시간이 지나자 제후들은 애초의 목적과 달리 각자 자국의 영토를 늘리는 데에 혈안이 되었다. 그 결과 140여 개의 나라는 강한 나라의 공격을 받아 망하지 않고 살아남아야 하는 '자기 보존'의 과제를 풀어야 했다. 자기 보존의 욕망에 따라 경쟁이 치열해지면서 전국시대에 이르면 7대 강국만이 살아남았다. 이들을 옛날에 '전국칠웅戰國七雄'이라고 했는데 오늘날 말로 하면 중원지역의 G7이라고 할 수 있다. 이때 전국시대戰國時代는『전국책戰國策』이라는 책 이름에서 연유했지만 그 자체는 '싸우는 나라들의 시대'라는 뜻이다.[104]『전국책』은 전국시대의 역사적 사실을 기록하고 있지만 실제로 합종과 연횡을 통해 국제 정세를 조율하고자 했던 종횡가의 활약상을 담고 있다.

통계 자료로 살펴보면 춘추시대(BC 722~464)에는 1년에 약 5개국이 서로 전쟁을 벌였고,『좌씨전左氏傳』의 기사(BC 722~468)에는

---

104) 한국어 번역본으로 임동석 옮김,『전국책』1~4(동서문화사, 2009) 참조.

전쟁이 모두 531회, 즉 연평균 2회 이상 발생한 것으로 기록되어 있다.[105] 전쟁이 국내외의 문제를 해결하는 중요한 요소로 대두되면서 그 비중이 나날이 늘어났다. 그 결과 전쟁 만능론이 제기되었다. 상앙은 이를 전쟁으로 전쟁을 끝장낸다는 "이전식전以戰息戰"으로 표현했다. 이 때문에 전략을 짜고 군사를 지휘하는 병가나 외국과 협상을 하는 종횡가는 사회의 주목을 받게 되었다. 출세를 하려면 이제 고전을 읽고 연구할 것이 아니라 전쟁과 관련되는 일을 찾아 나서야 했다.

묵자의 생각은 상앙과 같은 전쟁 만능론자와 달랐다. 그는 전쟁을 비롯한 적대적 경쟁이 자기 보존을 보장하지 못하고 오히려 끊임없는 불신과 혼란을 낳을 뿐이라고 보았다. 상앙이 생각하기에 묵자의 주장은 잠꼬대와 같은 소리에 불과할지 모른다. 묵자도 상앙의 반론에 그대로 물러서지 않고 자신의 목소리를 높일 수 있다. 전쟁이 한 번의 승리를 가져올 수 있지만 완전한 승리를 가져올 순 없다. 결국 전쟁으로 문제를 해결하려고 하면 끊임없는 전쟁의 악순환을 결코 벗어날 수 없는 것이다. 따라서 묵자는 상호 적대적인 대립에 바탕을 둔 전쟁 만능론자의 전제를 완전히 뒤집어버렸다. 그는 "나와 남을 동등하게 대우하자!"라는 "위피유위기爲彼猶爲己"에 바탕을 둔 겸애兼愛를 주장했다.

---

105) 신정근, 『사람다움의 발견』(이학사, 2005), 115쪽

여기서 우리는 "겸애가 전쟁을 끝낼 수 있다"는 묵자의 말을 일단 믿고서 겸애가 과연 전쟁의 억지抑止로 이어질 수 있는지 그의 주장을 따라가 보자. 묵자가 아무리 겸애의 중요성을 강조해도 현실에는 경로 의존성에 따라 여전히 전쟁이라는 방법을 선택하는 사람이 있다. 약속을 해놓고도 지키는 사람이 있지만 습관대로 꼭 어기는 사람이 있는 것과 마찬가지이다. 여기서 묵자의 고민이 시작되었다. 그는 전쟁의 폐해와 허구성을 밝히면 사람들이 전쟁이 아닌 다른 길, 즉 평화에 이르는 겸애를 선택할 줄 알았지만 실제로 그렇지 않았기 때문이다. 결국 평화의 세계를 만들려면 겸애만으로 부족하다. 묵자는 겸애와 반대되는 전쟁을 일으키는 것을 맹렬하게 비판했다. 그것이 바로 침략 전쟁을 반대한다는 '비공非攻'이다.

비공도 겸애와 똑같은 한계를 가질 수밖에 없다. 겸애에 반하는 침략 전쟁을 아무리 비판한다고 하더라도 현실의 지도자는 묵자와 달리 여전히 선제와 기습의 전쟁이 자신의 안전을 보장한다고 생각할 수 있다. 그들은 전쟁의 폐해를 알지만 생존을 위해서 전쟁을 포기할 수 없었던 것이다. 그렇다면 이 세상에서 전쟁과 그에 대한 불안을 결코 없앨 수 없는 것일까? 묵자는 오로지 전쟁으로 문제를 해결하려고 하는 관성을 멈추거나 침략을 받을지 모른다는 불신과 불안을 잠재우지 않으면 전쟁을 결코 없앨 수 없다고 생각했다. 이에 묵자는 실로 담대한 기획을 했다. 전쟁은 그것의 부당성을 앞세우는 논리와 주장으로만 일어나지 않을 수 없고, 전쟁을 일으키면 결코 이익을 얻지 못하고 결국 패배를 당해 큰 손실을 당하게 되리라는 경험에 의해 없어질 수 있다.

묵자는 세상에 전쟁을 없애기 위해 해결하기가 어려운 난제를 풀고자 했다. 그것이 바로 전쟁을 일으킨 나라를 응징하거나 침략을 받는 나라를 군사적으로 직접 도와서 패배를 막아내는 일이었다. 그가 말과 논리의 영역에 머무르지 않고 직접 힘과 행동의 영역에 뛰어든 것이다. 이것은 전쟁의 폐해를 원론적으로 비판했던 노자 등과 다른 지향이라고 할 수 있다.

묵자는 자신의 이론이 허구가 아니라 실제의 현실을 규제할 수 있다는 점을 보여주기 위해 스스로 군사 집단이 되었다. 이것은 오늘날 평화 유지를 위해 분쟁국에서 활약하는 유엔군의 선구적 형태라고 할 수 있다. 이러한 시도는 세계사에서도 보기 드문 실로 획기적인 시도라고 할 수 있다. 말만 하는 사랑이 아니라 몸과 행동으로 하는 사랑이었다. '묵협墨俠'은 묵자가 이론만이 아니라 행동으로 현실 세계에 직접 뛰어들어 문제를 해결하려고 했던 성향을 나타내는 말이다. 이것은 묵자가 고전을 연구하는 학자 집단의 특성에 한정되지 않고 무기를 만드는 기술자, 무기를 쓰는 용병, 군사 조직을 운용하는 지도자를 포함하는 자발적 결사체voluntary association였다는 것을 보여준다. 아울러 그들은 시대의 최전선에서 자신의 가치를 지키는 전위부대vanguard이기도 했다. 그는 방관도 죄라고 생각했기 때문에 자기 집단의 무장화의 길로 나아갔

묵자성적도 「묵노논전墨魯論戰」
묵자가 공수반(노반魯般)과 함께 혁대로 성 모양을 만든 뒤에 공성과 수성의 전쟁을 하고
있다.

던 것이다.

　역사적인 실례가 있다. 남쪽의 강한 초나라가 중원의 약한 송
나라를 공격하려고 했다. 초나라는 당시 묵자 집단과 함께 성을 공
격하는 공성攻城과 성을 지키는 수성守城 분야에서 최고의 기술을
가진 공수반公輸般의 실력을 믿고 있었다. 공수반은 성 밖에서 큰
돌을 성벽이나 성안으로 던져서 공격하는 운제雲梯를 제작하여 송
나라의 성을 깨뜨리려고 했다. 만약 두 나라 사이에 전쟁이 벌어진

다면 송나라가 질 것이 뻔했다. 하지만 초나라의 국력을 두려워하여 누구 하나 나서서 송나라 침략이 부당하다고 지적하지 않았다. 이미 전쟁은 국제 관계에서 한 나라의 이해를 추구하는 선택지로 자리 잡은 지 오래되었기 때문이다. 누가 "당신은 왜 전쟁을 일으켜서 다른 나라를 괴롭히느냐?"라고 물으면 "너도 힘이 있으면 전쟁을 일으켜서 한몫 잡으면 될 게 아닌가요?"라는 대답이 들려오는 시대였다.

묵자는 열흘 밤낮을 걸어서 초나라에 도착했다. 그는 초나라 혜왕을 만나 전쟁을 만류했지만 끄떡도 하지 않았다. 묵자는 혜왕이 보는 앞에서 공수반의 운제에 대항하는 수성의 전술을 펼쳤다. 공수반이 공격할 때마다 묵자는 능수능란한 솜씨로 공격을 모두 막아냈다. 이때 공수반은 묵자를 죽이면 송나라를 깨뜨릴 수 있다고 얼굴에 웃음을 띠었다. 묵자는 자신의 동료가 송나라에서 초나라의 공격을 대비하고 있다면서 자신을 죽여도 아무런 소용이 없다고 반론했다. 이러한 묵자의 노력을 통해 초나라는 송나라 공격을 멈추게 되었다. 이것은 묵자가 당시의 그 어느 누구보다도 말과 행동, 이론과 실천의 통일에 최선을 다했다는 점을 웅변적으로 보여주고 있다.

우리 시대에도 시대의 문제를 풀어내겠다는 다양한 주장이 제기되고 있다. 그 주장이 단지 말만 번지레한 것이지 실제로 문제를 풀어낼 수 있을까? 이를 판정하려면 이론이 현실을 만나서 작동하

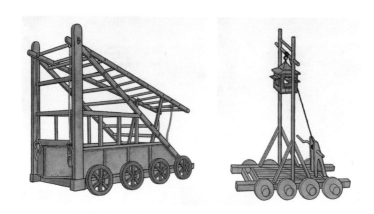

운제雲梯, 소차巢車, 분온차轒轀車 등 공성전 도구

현대전에서 성의 전략적 가치는 그리 크지 않다. 그러나 총기와 화기가 나오기 전에 성은 난공불락의 요새였다. 튼튼한 성은 적은 병력으로도 많은 병력을 상대할 수 있는 보루였다. 따라서 당연히 성이 있는 한 성을 공격하는 공성 도구가 개발될 것이고, 성을 수비하는 수성 도구가 개발될 것이었다. 운제는 사다리를 이용해서 높은 성벽을 타고 오를 수 있는 공성 도구이다. 소차는 새집 모양의 관측소를 곤돌라를 이용해서 위아래로 움직인다. 이를 통해서 소차 안 병사의 안전을 지키면서 성안의 상황을 정찰할 수 있다. 분온차는 분온(수레)을 타고 성안의 공격을 막으면서 성벽 가까이 다가갈 수 있는 도구이다. 분온차는 『손자』와 『묵자』에도 나오는 것으로 일찍부터 전쟁에 사용되었다.

는 구체적인 경로가 명확하게 제시되어야 할 것이다. 그렇지 않으면 주장은 잠깐 주목을 받다가 금세 사라질 소음일 뿐이다. 묵자처럼 현실과 접점을 찾을 수 있는 진정성 있는 이론을 내놓는다면, 이론은 현실을 이끌어가는 나침반 역할을 할 수 있다.

묵자가 문화 예술을 반대한 까닭은?

시대마다 새로운 유행어가 끊임없이 생겨났다가 사라지곤 한다. 1970년대에는 '새마을운동'으로 인해 '새마을호', '새마을다리', '새마을길'처럼 '새마을'이 유행했다. 또 일반 국민이 경제적인 빈곤으로 겪는 생활상의 고통을 가리키는 '민생고民生苦'가 널리 쓰였다. 정치인들이 너도 나도 민생고를 해결하겠다고 덤비자, 나중에 용변을 보느라 이리저리 화장실을 찾다가 급한 불을 끄거나 밥을 먹은 뒤에 "민생고를 해결했다"고 말하기도 했다. 요즘 다시 '민생고'와 '새마을'이라는 낱말이 부쩍 다시 쓰이는 걸 보면 우리네 삶의 현장에 고쳐야 할 것도 많고 해결해야 할 것도 많은 모양이다.

춘추전국시대의 묵자도 민생고와 비슷한 말을 만들어냈다. 세

가지 고통을 뜻하는 삼환三患이라는 말이다. 묵자는 당시 서민들이 "배고프지만 제대로 밥을 먹지 못하고, 춥지만 제대로 옷을 입지 못하고, 힘들지만 제대로 휴식을 취하지 못한다"[106]며 삼환의 고통이 막심하다고 주장했다. 삼환은 오늘날 삼포세대의 삼포와 같은 뜻이다. 삼환에는 생활하는 집이 들어가지 않지만 밥, 옷, 휴식은 사람의 기본적인 권리에 해당한다. 묵자는 삼환이 해결되어야 하는데도 불구하고 해결되지 않는 역설적인 상황 또는 문제적인 상황을 비판하면서 자기 나름의 해답을 찾고자 했다.

우리는 성장과 복지의 틀로 삼환의 민생고를 해결하려고 한다. 성장론자는 경제 성장률이 높아지면 부가가치가 늘어나므로 서민은 그 과실을 누릴 수 있다고 주장한다. 복지론자는 어려운 여건에 있는 서민에게 다양한 지원 정책을 펼쳐서 자활의 터전을 마련해주어야 한다고 주장한다. 낙수효과가 예전처럼 뚜렷하지 않자 성장론자의 인기가 줄어들고, 재정 지출이 악화되는 상황에서 증세를 하지 않은 복지론자의 실효성이 의문시되고 있다. 사실 서민들은 살림살이가 어려워지면 성장과 복지의 정책에 기대기도 하지만 무엇보다도 먼저 자구책을 마련한다. 대표적인 자구책이 바로 '절약' 또는 '긴축'이다. 기업은 직원 교육처럼 직접 이익을 낳지 않는 부분을 손대는 등 급하지 않은 비용을 줄이고 중복되는 사용을 막

---

106) 「비명」상 民有三患, 饑者不得食, 寒者不得衣, 勞者不得息.

게 된다. 가정은 과외를 끊거나 여가활동의 비용을 줄이는 등 씀씀이를 아끼게 된다.

묵자는 성장, 복지, 절약 중에서 절약의 길을 강조했다. 생산력이 비약적으로 증대하지 않은 상황에서 "성장인가 복지인가?"라는 논쟁이 무의미하기 때문이다. '절약'을 삼환의 문제 상황을 해결할 수 있는 강력한 길로 선택한 만큼, 묵자는 절약을 적용할 수 있는 사회의 분야를 하나씩 열거하기 시작했다. 행정 분야에서 불필요한 낭비를 줄여야 한다는 절용節用을 말했다. 호화롭고 장기간에 걸친 후장구상厚葬久喪을 치러 후손들이 고통을 겪거나 사회적으로 허례허식을 조장하는 일을 피하자는 절장節葬을 말했다. 절용은 묵자만이 아니라 그의 선배 공자도 이미 말한 바가 있어서 완전히 새로운 내용이라고 할 수는 없다. 절장은 경제적 비용만이 아니라 종교 문화와 관련이 있어서 다소 복잡한 문제이다. 사후 세계나 영혼과 관련되므로 호화로운 장례를 부정하는 것이 부담이 될 수 있기 때문이다. 하지만 '후장구상'이 고대의 전통 문화가 아니라는 점을 들어서 굳건하게 절장론을 펼쳤다.

절약을 향한 비판의 화살은 행정과 장례에 국한되지 않고 음악을 비롯한 예술 활동 전반으로 이어졌다. 그것이 바로 예술 활동을 중지하자는 비악론非樂論이다. 훗날 묵자 사상을 긍정적으로 평가하는 사람들조차도 그의 비악론에는 선뜻 동의하지를 못했다. 아무리 비용의 절감이 심각하다고 하더라도 인간다운 가치를 드러낼 수 있는 문화 예술을 부정한다니 도저히 있을 수 없는 일이라고 생각했기 때문이다. 나아가 '비악'을 주장한다면 절약이라는 이름으로 도대체 어디까지 중지해야 할 대상으로 규정하게 될 것인가라는 강한 의문을 제기했다.

'비악'에 대한 반론은 분명히 그 나름대로 일리가 있다. 하지만 일반론의 입장에서 묵자의 비악을 비판할 것이 아니라 그의 구체적인 주장을 들어보고서 왈가왈부를 해도 늦지 않다. 묵자는 제일 먼저 위정자가 무엇을 해야 하는지 임무를 정의했다. 그는 위정자는 "사람들에게 이익을 가져오고 피해를 없애야 한다"[107]고 보았다. 이 임무는 훗날 "흥리제해興利除害"로 압축되어 널리 쓰이게 되었다. 아울러 위정자는 재물을 "자신의 눈에 아름답게 보이고 귀에 즐겁게 들리며 입에 달게 느껴지고 몸에 편하게 지낼 수 있는"[108] 방식으로 사용해서 안 된다고 못을 박았다. 위정자가 쓰는 재물은 세금으로 거둔 것이고 그 세금은 민이 입고 먹어야 할 재물에서 나온 것이다. 세금이 공적 목적에 쓰이지 않고 사적 쾌락에 쓰이면 결국 위정자는 민의 재산을 약탈한 셈이 되기 때문이다.

이에 따르면 묵자가 앞으로 철저하게 "흥리제해"의 관점에서 '비악론'을 펼쳤으리라 예상할 수 있다. 계속해서 그의 이야기를

---

107) 「겸애」하 仁人之事者, 必務求興天下之利, 除天下之害.
108) 「비악」상 目之所美, 耳之所樂, 口之所甘, 身體之所安.

대규모 예술 공연

묵자는 대규모 공연에 들어가는 비용을 낭비로 보았다. 설혹 공연이 나름의 효과가 있다고 하더라도 비용에 상응하는 결과를 거두지 못하기 때문이다.

들어보자. 첫째, 음악을 포함한 문화 예술의 효용론이다. 악기를 연주하고 춤을 춘다면 먹고 입는 재물이 생기느냐고 의문을 제기했다. 요즘 아이돌 그룹이 한번 뜨면 큰 인기를 얻을 뿐만 아니라 돈을 많이 벌 수 있다. 이 때문인지 학생들에게 장래희망을 물으면 연예인이 되고 싶다는 바람이 높은 편이다. 최근에 문화 예술도 돈이 된다고 생각하는 인식의 변화가 생겨났다. 얼마 전도 해도 자식이 연예인이 된다고 하면 부모들은 대부분 "돈 안 되는 일"을 한다며 극력 반대했다. 묵자의 주장도 극력 반대하는 부모의 생각과 크게 다르지 않다.

둘째, 문화 예술의 활동에 들어가는 비용이다. 문화 예술은 오랜 연습과 교육을 통해 실력을 갖추는 전문적인 능력이 요구된다. 한 나라가 정기적으로 음악과 무용의 공연을 하려고 하면 왕립 기구를 설치하여 악기를 제작하고 악인樂人을 육성해야 한다. 특히 공연을 하려면 악인들은 비단으로 수놓은 화려한 옷을 입어야 하고 예쁘게 꾸며야 한다. 이 모든 것이 식량을 생산하지도 전쟁을 막지도 못하는 무용한 일에 허비되는 것이다.

셋째, 사회 분업의 원칙에 어긋난다. 동물은 옷이 없어도 털로 살 수 있고, 맹수는 농사를 짓지 않아도 사냥으로 살 수 있다. 반면 사람은 동물과 다르기 때문에 "노동을 하면 살 수 있지만 노동을 하지 않으면 살 수 없다".[109] 묵자는 동아시아 사상사에서 아주 독특하게도 사람을 노동하는 존재로 보았다. 이에 따라 공무원은 일찍 출근하고 늦게 퇴근하며 국사를 처리하고, 농부는 일찍 들에 나가서 일하고 늦게 집으로 돌아와 쉬게 된다. 이와 달리 문화 예술에 종사하는 악인은 노동을 하지 않고 무위도식하는 것이다.

넷째, 위정자의 경우 공연이 국사를 방해한다. 위정자가 공연을 개최하게 되면 혼자 즐기면 재미가 없으므로 자신을 비롯하여 숱한 사람을 초청하게 된다. 위정자는 위정자대로 공무원은 공무원대로 오랜 시간에 걸쳐서 자신의 할 일을 내팽개치게 된다. 고대의 공연은 오늘날과 달리 음주가무를 종합적으로 즐기는 형태로 진행

---

109) 「비악」상 賴其力者生, 不賴其力者不生.

신윤복, 「쌍검대무雙劍對舞」, 『풍속도화첩』

중앙의 두 여성이 양손에 칼을 들고 날렵하게 춤을 추고 있다. 하단의 악공은 칼춤의 긴 장도를 배가시키는 음악 효과를 내고 있다. 묵자는 군사훈련을 할 때 악기로 분위기를 고조시키는 것을 반대했을까?

되므로 하루 종일 또는 밤낮으로 이어지기도 했다. 이렇게 되면 한 나라의 정치가 문화 예술의 공연 때문에 중단되는 일이 일어나게 된다.

이처럼 묵자는 다양한 이유를 제시하며 지금은 문화 예술의 쾌락을 즐길 때가 아니라며 '비악非樂'을 주장했던 것이다. 그렇다면 묵자는 문화 예술이 주는 쾌락을 몰랐을까? 그렇지 않다. 그는 북과 종소리가 귀를 즐겁게 하고, 나무와 옷에 새기고 수놓은 문양이 눈에 아름답게 보이고, 볶고 구운 고기 요리가 입에 달고, 누각과 별장이 몸에 편하다는 것을 알았다. 하지만 문화 예술이 "미락감안 美樂甘安"의 쾌락을 가져온다고 해서 즐길 수 없다고 보았다. 문화 예술의 낭비는 과거 성왕들이 몸소 보여준 언행에 들어맞지 않고 백성들의 이익에 부합하지 않기 때문이다.

여기서 우리는 묵자가 낮은 생산력 때문에 일시적으로 예술을 반대한 것인지 아니면 원천적으로 반예술적인 사상가인지 따져보자. 묵자는 물 먹는 하마마냥 돈을 펑펑 쓰기만 하는 왕실의 퇴폐적이고 낭비적인 예술을 반대했다.(여기서 묵자가 시대의 한계로 인해 근대 이후 산업화된 문화 예술을 몰랐던 점은 그냥 넘어가기로 하자.) 만약 노동과 친화적이며 생산적인 문화 예술이 가능했다면 묵자는 여전히 비악을 고수했을까? 그렇지 않다. 이것은 묵자가 특히 왕실에서 이루어진 문화 예술의 활동을 집중적으로 문제 삼고 있는 데에서 알 수 있다.

묵자가 일터에서 노동의 능률을 높이거나 즐겁게 하기 위해 부르는 노래, 즉 노동요勞動謠를 반대할 리가 없다. 싸움터에서 병사가 전투력을 연마하고 두려움을 극복하기 위해 여흥 시간에 검무劍舞를 추는 것도 반대할 리가 없다. 이렇게 본다면 묵자는 낭비적인 문화 예술을 반대하기 위해 '비악'을 주장했지만 노동과 친화적인 목적적 예술관을 가졌다고 할 수 있다. 현대에는 묵자와 같은 예술관을 가진 사람이 소수일까 다수일까? 경기 변동에 따라 문화 예술의 활동이 직접적으로 영향을 받는다면 묵자의 예술관을 공유한 사람이 되는 것이다.

'개인 실력 존중' 논리 기틀 마련

사람이 노력한 만큼 꼭 보상을 받는다면, 노력하지 않을 사람이 없다. 반대로 노력해도 보상을 받지 못하거나 노력하지 않은 사람이 노력한 사람보다 잘 된다면 노력을 할 필요가 없게 된다. 한 사회가 지속적으로 발전하려면 결국 가진 것에 의해 모든 것이 결정되지 않고 노력에 의해 성취가 가능한 시스템을 갖추어야 한다. 예나 지금이나 한 사회가 발전하려면 개인의 성장 에너지를 담아내는 틀을 갖춰야 한다. 역사적으로 살펴보면 '기회의 균등', '공정한 경쟁', '협동과 연대' 등이 사람의 잠재력을 끌어내서 개인과 사회를 발전시키는 동력으로 간주되어왔다.

묵자가 활약했던 춘추전국시대에도 커다란 변화가 나타나기 시작했다. 신분 세습으로 모든 것이 정해진 사회에서 개인의 능력이 성취의 중요한 요소로 등장하기 시작했다. 이처럼 춘추전국시대는 신분이 아니라 능력으로 세상에 두각을 나타낼 수 있는 '해방 공간'을 창출했다고 할 수 있다. 위정자들은 그 해방 공간에서 자신의 나라를 살찌울 욕망을 실현하고자 인재를 찾았다. 인재는 신분과 상관없이 그 해방 공간에 일약 주목을 받는 스타로 등장하기도 했다. 그 스타들의 이름이 '제자백가諸子百家'였다.

세종은 장영실蔣英實을 등용하여 조선의 과학 기술을 몇 단계 업그레이드를 시켰다. 이러한 역할을 맡았던 장영실은 아버지가 원나라 유민으로 쑤저우·항저우 출신의 외국인이고 어머니는 동래현 기생이니 노비 출신이었다.[110] 노비여서 반대도 있었지만 장영실은 실력을 인정받아 합당한 자리에 앉았으니 기성의 관료와 신분이 해내지 못한 쾌거를 이룩해낸 것이다. 춘추전국시대의 위정자들도 신분사회의 근간을 흔들지 않으면서 개인의 능력을 어떤 범위까지 활용할지 고민했다. 제자백가들도 대부분 사회의 발전을 위해 신분을 뛰어넘어 재야에 숨은 인재를 발탁하는 거일擧逸, 능력자를 우대하라는 존현尊賢을 주장했다.[111] 묵자도 이러한 주장에 동조하여 상현尙賢을 외쳤다.

---

110) 『세종실록』15년9월16일, 16년7월1일 기사.

111) 『논어』「요왈」1 興滅國, 繼絶世, 擧逸民, 天下之民歸心焉. 『맹자』「공손추」상1 尊賢使能, 俊傑在位, 則天下之士, 皆悅, 而願立於其朝矣.

장영실 동상과 자격루自擊漏

광화문의 세종좌상

세종대왕은 장영실과 함께 조선 초기 과학 기술의 발전을 주도했다.

묵자는 상현의 풍토가 사회 전역으로 뿌리내리게 하기 위해 근원적인 고민을 했다. 즉 위정자 개인의 성향에 따라 능력자를 우대하는 것이 아니라 개인의 실력이 존중받을 수 있는 사회 시스템을 만들고자 했다. 이를 뒷받침하는 논리가 비명非命과 천지天志·명귀明鬼이다. '비명'은 사람의 운명이 정해져 있다는 숙명론을 비판하는 내용이다. '천지'는 하느님이 뜻을 가지고 이 세계를 이끌어간다는 내용이고, '명귀'는 사람이 죽은 뒤에 소멸되지 않고 귀신이 된다는 내용을 담고 있다.

얼핏 보면 천지와 명귀는 논리적으로 서로 통하지만 비명과 논리적으로 어긋나게 보인다. 하느님의 의지와 귀신의 존재가 실제로 있다면, 하느님과 귀신은 세상과 사람이 어떻게 되었으면 하고 바라는 방향이 있다는 말이다. 따라서 어떤 방향이 있다는 것은 결국 운명이 정해져 있다는 것을 나타내므로 천지와 명귀가 비명과 논리적으로 충돌하는 것으로 보인다.

『묵자』에는 '묵경墨經'이라고 불리는 부분이 있다. 이 부분은 오늘날 논리학에 해당되는 내용을 다루고 있다. 오행五行은 상생相生과 상승相勝의 관계로 설명된다. 묵자는 『묵경』에서 오행이 늘 상승의 관계에 있지 않다며 그 논리적 한계를 비판했다. 이처럼 '논리적 사고'라면 제자백가 중에 누구에게도 뒤지지 않는 묵자가 쉽게 논리적 오류를 범하지 않았을 것이다. 묵자의 이야기를 직접 들어보면 천지와 명귀가 비명과 모순인지 아닌지 드러날 것이다.

묵자는 먼저 당시 정치 지도자들이 국가가 경제적으로 부유하고 인구가 많은 "국가지부國家之富, 인민지중人民之衆"을 바라지만 현실이 그와 반대로 되는 상황에 대해 문제를 제기했다. 왜 현실은 바라는 욕망과 일치되지 않고 반대되는 결과를 드러내는 것일까?[112] 집유명자執有命者, 즉 운명론자들은 세계가 운명에 의해 전개된다고 주장하기 때문에 개인적으로 부유할 사람은 부유하게 정해져 있고 가난할 사람은 가난하게 정해져 있으며 국가적으로 망할 나라는 망하게 되어 있고 흥할 나라는 흥하게 되어 있다. 이를 받아들이면 사람이 개인적으로나 국가적으로 어떠한 노력을 하더라도 자신의 정해진 운명을 바꿀 수가 없다.[113]

따라서 불만족스러운 현실과 변화를 바라는 욕망이 결코 합치될 수 없는 것이다. 당시 운명론자들은 부유할 운명이면 부유해지고 가난할 운명이면 가난해지고, 안정될 운명이면 사회가 안정되고 혼란할 운명이 사회가 혼란해진다고 주장했다. 사람의 어떠한 노력에도 불구하고 세계와 개인의 앞날은 운명에 의해 결정되어 있다는 주장이다. 따지고 보면 이러한 운명론은 사람이 신분에 의해 결정되는 세습 사회의 근간을 지탱하는 논리라고 할 수 있다.

---

112) 「비명」상 古者王公大人, 爲政國家者, 皆欲國家之富, 人民之衆刑政之治, 然而不得富而得貧, 不得衆而得寡, 不得治而得亂, 則是本失其所欲, 得其所惡, 是故何也?

113) 「비명」상 執有命者, 以襍于民間者衆, 執有命者之言曰: 命富則富, 命貧則貧, 命衆則衆, 命寡則寡, 命治則治, 命亂則亂, 命壽則壽, 命夭則命. 雖强勁何益哉?

춘추전국시대는 이전과 달리 개인의 신분과 더불어 능력이 새로운 사회적 역할을 결정하는 중요한 요소로 등장했다. 이러한 흐름이 돌이킬 수 없는 대세가 되고 그 대세가 제도로 정착하게 되면 신분의 세습을 누리던 지배 계급은 특권을 더 이상 누릴 수 없게 된다. 묵자는 운명론과 신분의 연관성을 통찰했지만 곧바로 운명론이 틀렸다고 단정하지 않았다. 그는 운명의 실재 여부를 판정하기 위해 삼표三表의 기준을 제시했다.[114] 어떤 주장과 이론이 타당하려면 반드시 세 가지 기준을 충족시켜야 한다. 첫째는 과거 성왕들에게 유사한 사례가 있었는지를 살펴보는 본本이고, 둘째는 일반 백성들이 신뢰하는지를 따져보는 원原이고, 셋째가 어떠한 실제적인 효과를 가져오는지를 따져보는 용用이다.[115] 이 세 가지 기준을 충족시키지 못한다면 운명론은 타당하지 않게 된다.

은나라의 멸망과 주나라의 건국을 예로 들면 백성들은 동일하지만 은나라의 주紂임금이 재위에 있을 때 세상이 혼란스러웠고, 주의 무武임금이 재위에 있을 때 세상이 안정을 되찾았다. 누가 왕이 되느냐에 따라 세상의 질서와 혼란이 달라지므로 사람과 별도로 운명이 있다고 할 수 없는 것이다. 이렇게 운명론을 삼표에다

---

114) 「비명」상 子墨子言曰: 必立儀. 言而毋儀, 譬猶運鈞之上, 而立朝夕者也. 是非利害之辯, 不可得而明知也.

115) 「비명」상 故言必有三表. 何謂三表? 子墨子言曰: 有本之者, 有原之者, 有用之者. 于何本之? 上本之于古者聖王之事. 于何原之? 下原察百姓耳目之實. 于何用之? 廢以爲刑政. 觀其中國家百姓人民之利, 此所謂言有三表也.

적용해서 그 부당성을 드러낸 뒤에 묵자는 최종적으로 운명이 없다는 '비명非命'을 주장했던 것이다.

삼표로 운명론을 비판하면 그만일 터인데 묵자는 왜 귀신이 존재한다는 '명귀明鬼'와 하느님의 뜻이 있다는 '천지天志'를 말했을까? 묵자는 '비명'을 주장하며 세상에 운명이 실재한다는 점을 통렬하게 비판했다. 사실 운명론을 인정하게 되면 묵자의 겸애兼愛, 상현尙賢, 비공非攻과 같은 대표적인 이론도 성립될 수가 없다. 운명이 세상을 좌우하지 않는다고 하더라도 "콩 심은 곳에 콩 나고 팥 심은 곳에 팥이 난다"라는 행위의 원인과 결과를 어떻게 보증할 수 있을까?

예컨대 현실에서 악을 저지르면 벌을 받고 선을 행하면 복을 받는다. 아니면 우리는 그렇게 되어야 한다고 생각한다. 그래야 정의가 세상에 실현된다고 할 수 있다. 하지만 현실에는 거악을 저지르고도 처벌을 받기는커녕 떵떵거리며 사는 사람도 있고, 착한 일이라면 자신의 일을 제쳐놓고 헌신했지만 불행하게 사는 사람도 있다. 이것은 세상의 운행을 관리하고 심판하는 유일신을 상정하지 않는 문화에서 실로 해결하기 어려운 곤경이라고 할 수 있다. 공자는 이 문제를 풀기 위해 '춘추春秋'로 불리는 역사를 도입했다. 현실에서 악이 득세를 하고 선이 실세를 할지라도 문제의 인물이 죽은 뒤에 역사를 서술하면서 살릴 만하면 살리고 죽일 만하면 죽이는 '사실'의 필법筆法을 하면 문제가 해결될 수 있다.

묵자는 공자와 다른 길을 개척하고자 했다. 그 길에 '명귀'에 나오는 '귀신'과 '천지'에 나오는 '하느님'이 실로 막대한 역할을 하게 되었다. 귀신이 없다고 주장하는 집무귀자執無鬼者에 따르면 반란을 일으키고 도적질을 일삼고 약탈을 벌이며 죄 없는 사람을 괴롭히더라도, 악을 바로잡을 수가 없다. 세상에는 고통이 늘어난다고 하더라도 그 고통을 해결할 수가 없다. 따라서 귀신이 없다는 주장을 떠벌리는 사람들은 결국 "귀신이 존재하지 않는다"는 주장보다도 그 어떠

두백

묵자는 두백의 이야기를 바탕으로 귀신이 존재한다는 것을 입증하고자 했다.

한 것으로부터 구속을 받지 않고 제 이익을 위해 모든 짓을 서슴지 않으려는 저의를 가지고 있는 것이다.

묵자는 "세상 사람들이 귀신이 현능한 사람에게 상을 주고 포악한 사람에게 벌을 줄 수 있다고 믿으면"[116] 세상이 혼란해질 수 없다고 보았다. 묵자는 실제로 어떤 마을이나 도시를 찾아서 옛날

---

116) 「상동」중 古者國君諸侯之聞見善與不善也, 皆馳驅以告天子. 是以賞當賢, 罰當暴, 不殺不辜, 不失有罪, 則此尙同之功也. 「상동」하 若苟明于民之善非也, 則得善人而賞之, 得暴人而罰之也. 善人賞而暴人罰, 則國必治.

부터 지금까지 귀신의 실물을 보고 귀신의 소리를 들은 사람이나 사례가 있었는지를 조사해보자고 제안했다. 묵자는 귀신이 실재한 다는 사례로 두백杜伯을 거론했다. 두백은 아무런 죄를 짓지 않았는데도 주나라 선왕宣王에 의해 억울하게 죽임을 당하게 되었다. 3년 뒤에 선왕은 백주 대낮에 백마가 끄는 수레를 탄 두백이 쏜 화살에 맞아서 죽었다. 많은 사람들이 이 장면을 보았고 『춘추』에 기록되어 있기 때문에 "귀신이 없다"고 말할 수 없다는 것이다.[117]

여기에 이르면 우리는 묵자가 왜 '비명'을 주장하면서 동시에 '명귀'를 주장했는지 분명하게 이해할 수 있다. 비명은 운명론을 극복하는 1차 논리하고 한다면, 명귀는 인과응보를 실행하는 2차 논리라고 할 수 있다. 이렇게 비명과 명귀가 결합되어야만 춘추전국시대에 생성된 해방 공간에 신분을 뛰어넘어 새로운 인재가 활약할 수 있기 때문이다. 이로 인해 묵자는 개인의 능력에 의해 작동하는 해방 공간을 키우고 넓힐 수 있었다.

---

117) 「명귀」하 周宣王殺其臣杜伯而不辜. 杜伯曰: 吾君殺我而不辜, 若以死者爲無知, 則止矣. 若死而有知, 不出三年, 必使吾君知之. 其三年, 周宣王合諸侯, 而田于圃田車數百乘, 從數千人滿野. 日中, 杜伯乘白馬素車, 朱衣冠, 執朱弓, 挾朱矢, 追周宣王, 射之車上, 中心拆脊殪車中, 伏弢而死. 當是之時, 周人從者莫不見, 遠者莫不聞.

하늘의 뜻 앞세워 응보적 정의 실현

정치와 경제 등 시대를 이끌어가는 주역은 바뀌기 마련이다. 정계는 임기가 차면 떠나고 싶지 않아도 그 자리를 떠나게 된다. 재계는 실적에 따라 자리를 오래 유지하기도 하고 자리에 앉자마자 물러나기도 한다. 사상계도 시대의 변화에 따라 관심사가 바뀐다. 고대에서 근대까지 이성이 인간을 탁월한 존재로 이끄는 능력을 존중받았다. 감성은 사람을 헷갈리게 하고 제정신을 차리지 못하게 방해하는 특성으로 간주되어 멸시를 받았다. 현대에 이르러 이성은 사람의 다양성을 담아내지 못하고 판에 박힌 틀에 가두는 원인으로 지목을 받고 있다. 감성은 사태와 마주하면서 시시각각으로 솔직하게 반응할 수 있는 진실한 능력으로 존중되고 있다.

묵자가 활약할 당시에도 상제上帝와 천天처럼 사상계의 주역이 뒤바뀌는 운명을 겪었다. 주나라가 건국하자 천(하느님)은 상제를 대신하여 자연과 사회의 운명을 결정하는 근원으로 등극했다. 그 이후로 오늘날까지 하느님은 우리나라의 애국가에 나오듯이 물리적으로 파란 하늘과 달리 세상의 질서를 유지하고 인간을 보호하는 인격적인 특성을 지니게 되었다. 하지만 천은 춘추전국시대에 들어서면서 그 지위와 권능이 도전을 받아 회의의 대상이 되었다.

우리는 이러한 사례로 『시경』에 나오는 하늘과 부모를 원망하는 원천시怨天詩를 들 수 있다.[118] 전쟁이 장기화되고 사회의 혼란은 풀릴 가능성이 없자 사람들은 해결되지 않은 고통의 원인으로 하늘과 부모를 지목하고자 강한 불만을 터뜨리기 시작했다. 예컨대 「정월正月」에서는 세상살이의 고통을 이겨내지 못하고 자신을 낳아준 부모를 원망하고 있다. "부모님 나를 낳아 어찌 나를 힘들게 하는가, 지금보다 먼저 낳거나 아니면 뒤에 낳지, 좋은 말도 입에서 나오고 나쁜 말도 입에 줄줄 나오네, 근심은 더욱 깊어지고 모욕을 당한다네."[119] 또 「절남산節南山」에는 "하느님이 재앙을 내려 혼란이 연거푸 닥치니 사람들의 입에 좋은 말이 없고 원망하지 않

---

118) 원천시는 글자 그대로 하늘을 원망하는 시이다. 주나라가 정치적 통합을 이루지 못하자 시대의 혼란과 백성들의 고통은 나날이 심해졌다. 원천시의 등장은 현대 가요에서 비속어와 욕설을 사용하는 록이나 랩의 등장과 비슷하다고 할 수 있다. 하지만 당시 원천시는 시의 고요한 특성을 상실하거나 타락시키는 시로 비판을 받아왔다.

119) 「정월」 父母生我, 胡俾我瘉. 不自我先, 不自我後. 好言自口, 莠言自口. 憂心愈愈, 是以有侮.

을 쏜가?"[120] 하고 하늘이 모든 것을 낳은 근원이면서도 불의의 세상에서는 아무런 힘을 쓰지 못하는 무기력한 존재로 그려진다.

서문표

서문표는 묵자와 달리 귀신에 대한 믿음이 사람들로 하여금 종교 주술의 상태를 벗어나지 못하게 만든다고 비판했다.

이렇게 위상이 실추한 상황에서 천(하느님)은 세계의 생성과 질서를 보증하는 근원의 자리에서 점차로 물러나게 되었다. 당시 자연 현상과 사물의 본성에 대한 과학적 인식이 심화되면서 사람들은 신적 존재에 의지하고 않으려고 했다. 예컨대 위魏나라 서문표西門豹는 홍수 예방을 위해 하백河伯의 신에게 처녀와 혼수를 희생물로 바치는 고래의 제의가 무당 일파의 속임수라는 점을 밝히며 행사를 금지시키기도 했다. 그 결과 천은 『손자병법』에서 보이듯 기온과 기후 등 사람의 실생활에 영향을 주고 풍향과 기상 등 전쟁에서 작전을 짤 때 고려해야 하는 '요인'으로 간주되었다.

묵자는 신분의 세습을 넘어서서 능력이 존중되는 사회를 만들고자 했다. 노력을 해도 소용이 없다는 숙명론의 사고를 극복하고

---

120) 「절남산」 天方薦瘥, 喪亂弘多, 民言無嘉, 憯莫懲嗟.

노력이 보상을 받는다는 응보적 정의를 확립해야 한다. 묵자는 「비명非命」에서 숙명론을 비판하고 귀신이 존재한다는 「명귀明鬼」와 하느님의 뜻이 있다는 「천지天志」에서 응보적 정의를 실현하고자 했다.[121] 당시 '하느님의 뜻'은 원천시의 등장에서 보이듯 사실 춘추전국시대에서 시효가 끝난 사상으로 취급되는 분위기였다. 하지만 묵자는 하느님이 존재할 뿐만 아니라 실제로 세계가 어떠한 방향으로 나아가기를 바란다는 천지를 재정립하여 응보적 정의를 입증하고자 했다. 그 논증 과정을 살펴보며 하느님의 부활이 갖는 종교사적 의미를 살펴보도록 하자.

묵자는 사람들이 죄를 지으면 다른 곳으로 도망가는 이야기를 끄집어냈다. 집안에서 사고를 치면 집을 떠나고 한 나라에서 죄를 지으면 다른 나라로 도망을 간다. 원래의 집과 나라에 있으면 벌을 받기 때문에 도망을 치는 것이다. 여기서 묵자는 도망을 가면 벌을 받지 않는다는 것보다 벌이 무서워서 도망을 갈 수밖에 없는 사실에 주목했다. 이렇게 도피할 곳이 있더라도 죄를 짓지 않으려고 엄격하게 경계하는데, 도피할 곳이 없다면 한층 더 엄격하게 경계하지 않을 수가 없다. 이에 묵자는 당시의 격언을 인용했다. "이처럼 환히 밝은 날에 죄를 지으면, 장차 어디로 도망칠 것

---

121) 「명귀」하 是以天下亂, 此其故何以然也, 則皆以疑惑鬼神之有與無之別, 不明乎鬼神之能賞賢而罰暴也, 則夫天下豈亂哉? 「천지」하 天下之所以亂者, 其說將何哉? 則是天下士君子, 皆明于小而不明于大, 何以知其明于小不明于大也, 以其不明于天之意也.

인가?"[122] 하느님은 세계를 모두 굽어보고 있어서 모든 사실을 다 알고 있고 사람이 하느님을 피해 다른 곳으로 갈 곳이 없다. 이 때문에 묵자는 『서경』과 『시경』 등에 나오는 인격신으로서 하느님을 부활시키고자 했다.

이어서 묵자는 "하느님이 무엇을 바라고 무엇을 싫어하는가?"라는 "천하욕하오天何欲何惡?"의 문제를 탐구했다.[123] 앞에서 살펴본 도망칠 곳이 없는 하느님은 소극적으로 불의를 바로잡는 측면이라면, 지금 무엇을 좋아하고 싫어하는 하느님은 적극적으로 자신의 뜻(정의)을 실현하고자 하는 측면을 말한다. 묵자는 하느님이 정의를 바라고 불의를 싫어하므로 지도자가 세상 사람들을 이끌고 정의의 길로 나아가야 한다[124]고 명시적으로 말하고 있다.

하늘이 정의를 바라고 불의를 싫어하는 것을 어떻게 알 수 있는가? 세상에 정의가 있으면 살 수 있고 정의가 없으면 살 수 없으며, 정의를 지키면 부유해지고 정의를 지키지 않으면 가난해진다. 하느님은 이 세상이 어떻게 되거나 사람이 무슨 짓을 하더라도 관여하지 않는 것이 아니다. 하느님은 뜻을 드러내며 세계의 질서와 개인의 화복에 직접적으로 개입한다. 당시 사람들은 세계의 질서

---

122) 「천지」상 語言有之曰: 焉而晏日焉而得罪, 將惡避逃之?

123) 「천지」상 天亦何欲何惡. 天欲義而惡不義. 然則率天下之百姓, 以從事于義, 則我乃爲天之所欲也. 我爲天之所欲, 天亦爲我所欲. 然則我何欲何惡. 我欲福祿而惡禍. 이 문제는 「법의法儀」에서도 논의되고 있다. 天何欲何惡者也. 天必欲人之相愛相利, 而不欲人之相惡相賊也.

124) 「천지」상 天欲義而惡不義, 然則率天下之百姓, 以從事於義.

또는 개인의 화복을 하느님의 의지와 연결시켜서 생각하지 않았지만, 묵자는 그러한 사유 자체가 잘못되었다는 점을 밝혔다. 하느님의 의지를 인정하지 않게 되면 세계와 개인이 정의의 실현을 위해 나아가야 하는 힘의 근원을 확보하지 못하게 된다. 이 때문에 과거의 이상적인 제왕들, 예컨대 우임금과 탕임금, 문임금과 무임금 등은 정의를 실현하여 제왕의 자리에 오를 수 있었고, 그들은 제왕이 된 뒤에 희생을 마련하여 제사를 지내며 하느님에게 복을 빌었던 것이다.

이상의 논의를 통해 묵자는 하느님의 뜻을 따르는 정치가 의정 義政이고, 하느님의 뜻을 어기는 정치가 역정力政이라고 보았다.[125] 의정은 정의에 따라 이루어진 정치이고, 역정은 오로지 힘의 논리에 의해 이루어지는 정치이다. 구체적으로 말하면 의정은 큰 나라가 작은 나라를 침략하지 않고, 큰 가문이 작은 가문을 빼앗지 않고, 강한 자가 약한 자를 위협하지 않고, 귀한 자가 천한 자를 멸시하지 않고, 영리한 자가 어리석은 자를 속이지 않는 것이다. 이러한 의정이 실현되면 위로는 하느님에게 이롭고, 가운데로 귀신에게도 이롭고, 아래로 사람들에게도 이롭게 된다.

의정이 곧 세상의 모든 존재만이 아니라 귀신과 하느님에게도 이로움을 가져다주는 정치가 되는 것이다. 즉 정의에 따른 정치가

---

125) 「천지」상 順天意者, 義政也. 反天意者, 力政也.

정치적 평화만이 아니라 물질적 복지를 가져다주는 최상의 정치인 셈이다. 역정은 의정과 반대이다. 역정은 힘의 논리에 따라 강하고 영리한 나라와 사람이 약하고 어리석은 나라와 사람을 짓밟고 빼앗는 정치이다. 이러한 정치는 일시적으로 강하고 영리한 나라와 사람에게 이로울지 모르지만 결국 귀신에 의해 징벌을 당하고 하느님의 개입에 의해 처벌을 받아 최악의 상황으로 내몰리게 된다.

묵자는 권위를 잃어버린 하느님을 왜 부활시켰을까? 엘리아데에 따르면 세상의 다양한 문화에는 세계를 만든 최고신이 있다. 동아시아의 하느님도 최고신에 해당된다. 세계를 만든 다음에 최고신은 사취를 감추고 농사, 기후, 출산 등 다양한 역할을 수행하는 기능신이 등장하게 된다. 기능신은 세상을 풍요롭게 만드는 역할을 하는 것이다. 기능신이 맹활약하는 즈음에 최악의 가뭄, 끝없는 홍수, 지루한 전쟁 등 세계의 파멸적 상황이 나타나게 된다. 기능신이 이룩한 성과가 축적되지 않고 사라지는 상황이 생기는 것이다. 이때 그동안 사라졌던 최고신이 다시 모습을 드러내서 잃어버린 질서를 수립하게 되는 것이다.[126] 기업 경영에서도 최고신의 부활과 비슷한 현상이 있다. 창업주가 회사를 세워서 일정한 궤도에 올려놓은 뒤에 경영 일선에서 물러나곤 한다. 그 뒤에 전문 경영인 또는 후속세대가 경영권을 이어받아서 사업 분야를 다각화시키는

---

126) 엘리아데, 이동하 옮김, 『성과 속』(학민사, 2006) 참조.

등 회사의 규모를 키우게 된다. 하지만 잘 나가던 회사가 외풍이나 환경의 변화에 따라 기우뚱하게 되면 물러났던 창업주가 경영 일선으로 복귀하는 일이 있다.

묵자는 엘리아데의 논리에 따르듯이 춘추전국시대에 사라졌던 최고신으로서 하느님을 부활시켜서 끝없는 혼란의 세계를 종식시키고자 했다. 후대의 연구자들은 "묵자처럼 논리적이고 이성적인 사람이 이미 철 지난 하느님을 왜 부활시켰을까?"라는 의문

엘리아데

루마니아 출신의 미국 종교학자이자 문학가이다. 엘리아데는 종교 문화가 인류의 공통성을 갖는다고 보았고, 이를 신화·상징·의례를 통해 입증하려고 했다.

을 품었다. 그들은 묵자가 하느님을 실제로 믿어서 그런 것이 아니라 하느님을 요청하는 것이 유리하기 때문에 부활의 논리를 펼쳤다고 본다. 이렇게 되면 묵자는 하느님을 믿지 않으면서 필요에 따라 하느님을 끌어들인 셈이다. 이것은 묵자를 너무나도 계산적인 사람이거나 겉 다르고 속 다른 사람으로 취급하게 된다. 묵자가 오늘날의 '갑을甲乙' 논란처럼 고통 받는 약자, 끝 모를 혼란을 끝내려는 열망이 얼마나 강하고 의정義政을 얼마나 진정으로 바랐는지 이해한다면, 묵자가 하느님을 믿었다는 것을 의심할 수는 없다.

공정한 상벌로 권리와 의무를 재조정하다

신라에는 화백和白회의가 있었다. 부족의 대표들이 한곳에 모여 중요한 사항을 합의하여 처리하는 의사결정 기구였다. 화백회의는 씨족사회의 전통을 이어받은 회의로 만장일치제가 특징이었다. 오늘날 우리는 과거의 사회 현안에 대해 의견이 분분할 뿐만 아니라 현재의 새로운 현안을 둘러싸고 의견 충돌을 보인다. 이렇게 갈등의 양상이 깊다 보니 만장일치로 운영되었다는 신라의 화백회의가 부러워지기도 한다.

하지만 고대사회는 씨족간의 이해충돌이나 이익의 배분을 둘러싼 갈등의 요인이 많지 않았다. 이 때문에 사회 현안에 대해 이견보다는 합의에 이르기가 쉬웠다. 반면 현대 사회는 다양한 주장을 가진 개별 주체가 각자의 이익을 추구하고 있기 때문에 이견이 생겨날 가능성이 그만큼 높아졌다. 특히 오늘날 대부분의 국가는 민주주의에 의한 정치를 채택하고 있기 때문에 모든 사람은 동등한 권리를 가지고 있다. 특권이 없는 만큼 개개인은 모두 당연히 사회의 의제와 현안에 대해 각자의 주장을 펼칠 수 있다. 이를 민주주의의 위기로 보고 다른 정치 체제의 대안을 모색하려는 움직임도 있다. '전자(디지털, 사이버) 민주주의' 등 여러 목소리가 나오지만 한 사람이 다른 사람보다 더 많은 권리를 갖도록 보장할 수는 없다.

그렇다면 묵자는 다양한 목소리가 쏟아져 나오는 춘추전국시대를 살면서 어떤 정치 체제를 꿈꾸었을까? 춘추전국시대는 신분제의 특권이 작용하기도 하지만 개인의 능력이 존중되는 복합적 사회의 특성을 보이는 시기였다. 묵자를 비롯하여 제자백가들은 공동체의 의사를 합리적으로 조정하고 구성원들이 공동으로 번영을 누리는 정치 체제를 꿈꾸었다. 묵자는 논의를 풀어가기 위해서 우리를 인류의 초기 상태로 이끌어간다.

세계적으로 인류의 초기 상태는 고도로 질서가 잡힌 이상형으로 그려지거나 더 말할 나위가 없는 혼돈의 대명사로 그려진다. 예컨대 노자는 사람의 욕망과 문명에 의해 타락되지 않는 평화의 상태로 바라보고, 상앙은 자연의 위협에 속수무책으로 당하는 미개의 상태로 예상한다.

묵자는 "인류가 처음 태어났던 상태"를 노자와 달리 혼란의 모습으로 보았다. 그는 왜 인류의 원시 상태를 혼란으로 보았을까? 그는 사람의 숫자가 많아지면 그 사람들이 주장하는 정의의 종류도 그에 비례해서 많아지기 때문이라고 보았다. 한 사람이 있으면 그 사람은 자신의 주장을 하고, 열 사람과 백 사람이 있으면 각각 자신의 정의를 주장하는 것이다. 이렇게 되면 결국 사람의 수만큼 정의의 종류가 있게 된다. 묵자는 이를 "일인일의, 십인십의, 백인백의"[127)]라고 말했다. 즉 "한 사람이 있으면 그 한 사람의 기준이 있고, 열 사람이 있으면 열 사람의 기준이 있고, 백 사람이 있으면 백 사람의 기준이 있다"는 것이다.

사람들이 각자 자신의 주장을 펼치며 다른 사람의 주장을 내칠 뿐 다른 사람의 주장을 들으려고 하지 않고 토론하지 않으니 '혼란'은 자연스러운 귀결이라고 할 수 있다. 민회나 의회 등 다양한 의견이 충돌하고 토론하는 공식적인 자리가 있었다면, "이견의 존재가 곧 혼란"이라는 묵자식 결론이 도출되지 않을 수 있다. 묵자는 시대의 한계로 인해 민회와 의회 등 민의를 결정하는 기구를 상상할 수 없었던 모양이다. 이렇게 보면 인류 초기의 혼란은 각자가 제 목소리를 내며 다른 사람의 말을 듣지 않으려고 하는 상황에서 생겨난 셈이다. 묵자는 이를 정치 체제와 연관지어 "세상이 혼란스러운 까닭은 세상의 정의를 통일시킬 수 있는 정장正長이 없는 데

---

127) 「상동」중 天下之人異義. 是以一人一義, 十人十義, 百人百義. 其人數玆衆. 其所謂義者亦玆衆.

에 있다"고 보았다.[128] 여기서 '정장'은 다양한 주의 주장을 하나로 조정하여 통일시킬 수 있는 정치 지도자라고 할 수 있다. 그리스의 상황에 견주어볼 때 묵자가 말하는 정장의 존재는 민주정, 귀족정, 소수정 중 어떠한 특징을 지닌다고 볼 수 있을까? 이를 판정하려면 묵자의 추가적인 설명을 들어보지 않을 수가 없다.

묵자는 사회의 안정과 혼란을 정장의 존재 여부와 관련지은 뒤에 정장의 선발로 논의를 이어갔다. 그는 행정 구역을 크게 리里 → 국國 → 천하天下 등 3단계로 나누고서 각 구역을 대표하는 정장 즉 향장鄕長, 왕王, 천자天子가 필요하다고 보았다. 묵자는 향장이든 왕이든 천자든 각각의 단위에서 최고로 뛰어난 현자를 선택選擇해야 한다고 주장했다. 그는 현자의 요건으로 뛰어난 도덕적 역량, 풍부한 지식, 날카로운 논변 능력 등을 요구했다. 그는 선택을 말하면서 그 과정이 구체적으로 어떤 방식과 기구에서 이루어지는지 전혀 언급하지 않는다. 이런 측면에서 묵자의 선택제는 오늘날 민주주의 정치에서 일인일표로 시민의 대표자를 뽑는 선거와 다르고, 다수의 사람에 의해 추대되는 방식으로 여겨진다.

추대 과정을 거친 정장의 가장 중요한 임무는 자신들이 관할하고 있는 정치 영역에서 상벌賞罰을 공정하고 엄정하게 집행하는 것이다. 형벌과 포상을 실시할 때 사실 여부를 분명하게 심리하여야

---

128) 「상동」 중 是以天下亂焉, 明乎民之無正長, 以一同乎天下之義.

신뢰를 거둘 수 있다. 이러한 신뢰 관계가 이루어져야만 위에서 실시하는 포상과 명예를 기꺼이 받으려고 하고, 견책과 처벌을 두려워하기 때문에 상벌이 그에 상응하는 효과를 거둘 수 있다. 이것이 바로 상 받을 사람이 상을 받고 벌을 받아야 사람이 벌을 받는 응보적 정의가 실현되는 것이다.

묵자는 응보적 정의를 실행하는 유력한 길로 상벌을 채택하고 있는 것이다. 이것은 인민을 국가가 정한 목표로 끌어들이기 위해 작은 범법에도 무거운 처벌을 주장했던 상앙의 노선과 겹치는 측면이 있다. 반면 공자가 물리적인 힘보다 덕德의 힘으로 사람 관계를 부드럽게 조율하고자 했던 길과도 다르고, 노자가 어떠한 직접적인 개입을 반대하는 무위無爲의 길과도 다르다.

정장이 자신에게 주어진 막중한 책무, 즉 공정한 상벌을 시행하려면 개인의 역량과 노력으로 부족하다. 이러한 한계를 보완하기 위해 묵자는 정장을 보좌하는 관료제의 기구를 설치하고자 했다. 이를 바탕으로 정장은 다음의 포고령을 내린다. "좋은 것을 듣거나 보면 반드시 윗사람에게 보고하라. 또 좋지 않은 곳을 듣거나 보면 반드시 윗사람에게 보고하라."[129] 정장은 백성들 주위에서 일어나는 모든 일을 보고하라는 고상제告上制를 실시했다.

고상제는 상벌을 엄정하게 실시하는 응보적 정의와 연결된다.

---

129) 「상동」중 聞見善者, 必以告其上, 聞見不善者, 亦必以告其上.

정장은 혼자서 정치 영역의 모든 사안을 알 수가 없으므로 고상제를 통해 정의를 실천할 수 있는 정보를 수집하게 되는 것이다. 그래서 묵자는 "국가와 백성이 질서를 찾는 방법이 무엇인가?"라는 질문에 대해 "윗사람이 정치를 할 때 아랫사람의 실정을 파악하면 안정되고 실정을 파악하지 못하면 혼란스러워진다"고 대답했다.

여기까지 묵자의 주장에는 『서경』 등에서 말하는 정치 행위와 겹치면서 부분적으로 공자나 상앙과 중복되는 내용이 있다. 그는 상동尙同을 주장하면서 자신의 색깔을 드러냈다. 정장이 선택되고 나면 사람들은 "정장이 옳다고 하면 함께 옳다고 여기고, 정장이 그르다고 하면 함께 그르다고 여기는 것"이다.[130] 위와 아래가 시비 판단에 대한 동일한 판단을 하여 통일된 관점을 갖는 것이다. 아울러 통일된 관점은 아랫사람이 자신들의 개별적인 관점을 갖지 않고 윗사람과 관점을 일치시키는 것이다. 이런 점에서 '상동'은 통일을 숭상한다는 뜻과 윗사람과 의견을 맞춘다[與上同]는 두 가지 의미를 나타낸다. 상동의 반대는 아래에서 각자 자신의 관점을 가지고 파당을 짓는 하비下比이다.

이상이 묵자가 시대의 혼란을 진단하고 정치적 안정을 회복할 수 있는 길이다. 당시 사람들은 묵자의 주장을 듣고서 강력한 반론을 제기했다. "당신 말대로 인류의 초기 상태에 정장이 없어서 사

---

130) 「상동」하 上之爲政, 得下之情則治, 不得下之情則亂.

회가 혼란스러웠다는 점을 인정하겠다. 오늘날 각국의 정치 체제를 봐라. 왕이 없는 나라가 어디에 있느냐? 다들 왕이 있는데도 당신이 말하는 것처럼 정치적 안정이 이루어지지 않고 있다. 이것을 어떻게 설명할 것인가?"[131]

이에 대해 묵자는 관료제와 고상제에 바탕을 둔 상벌 자체가 잘못이 아니라 상벌을 운용하는 주체의 잘못이라고 구분했다. 형벌 제도가 아무리 완비되어 있다고 하더라도 형벌을 집행하는 주체가 공정하게 집행하지 못하면 형벌은 그 나름의 효과를 거둘 수 없다. 그는 이를 "형벌 자체가 문제가 아니라 형벌의 적용이 문제이다"라고 보았다.[132]

정장은 고상제에 따라 상벌을 공정하게 운영하지 않고, 아첨하는 사람과 친인척을 등용하는 부정과 비리를 저지르고 있는 것이다. 정장은 능력이 존중되는 정의의 정치가 아니라 정실에 따라 이익을 주고받는 패거리 정치를 하고 있는 것이다. 아울러 당시 사회는 지상의 정장을 받들 줄 알지만 정작 이 세계를 이끌어가는 하느님의 의도를 존중하지 않기 때문에 그에 상응해서 기상 이변과 자연 재해가 끊임없이 일어났던 것이다.

---

131) 묵자는 정치 제도의 존재를 정치 발전의 결과로 볼 수 있지만 정치 제도 자체가 정치적 안정을 가져온다고 생각하지 않는다. 제도를 집행하는 사람의 문제가 중요하다고 보았다. 이 점에서 묵자는 공자와 비슷한 관점을 가지고 있다고 할 수 있다.

132) 「상동」 중 昔者聖王制爲五刑, 以治天下. 逮至有苗之制五刑, 以亂天下. 則此豈刑不善哉, 用刑則不善也.

묵자는 도덕, 지식, 언어 능력이 뛰어난 현자가 집권하는 소수 엘리트 정치를 통해 능력이 존중되고 응보적 정의가 실현되는 정체를 구상했다. 하지만 그는 자신의 정치적 이상을 현실화시킬 수 있는 정치 주체와 응보적 정의를 훼손할 수 없는 삶의 틀로 정착시킬 수 없는 정치 제도를 제시하지 못했다. 묵자가 자신의 정치적 이상을 실현할 수 있는 제도의 법제화에 노력했더라면 동아시아에도 왕정王政 이외의 다른 대안이 일찍부터 모색되었을 것이다.

사적 욕망보다 공적 원칙 우선시

현대 사회는 개인주의의 특성을 지닌다. 업무를 분담하는 공적인 경우만이 아니라 음식을 먹는 사적인 경우에도 각자의 주장을 내세운다. 업무를 칼같이 분담하여 각자의 경계를 나누려고 하고, 메뉴 통일은 옛말이고 각자 좋아하는 음식을 시킨다. 이러다 보니 일사분란의 리더십에 익숙한 세대들은 신세대들의 언행이 반란(?)으로 여겨지기도 한다. 오늘날 리더십 강의와 담론이 많은 것도 알고 보면 세대 간의 차이를 반영하는 현상이라고 할 수 있다. 개성을 중시하는 신세대와 일사분란을 앞세우는 구세대의 갈등이 기존 리더십의 위기를 불러왔다. 그 결과 세대 간의 차이를 넘을 수 있는 새로운 리더십이 요청되는 것이다.

桓魋其如予何
孔子曰天生德於予
拔樹弟子曰可以去矣
焉桓魋欲殺之拔其
子習禮大樹下宋司
孔子去曹過宋與弟

公子성적도 「송인벌목宋人伐木」과 「재진절량在陳絶糧」

공자는 세상을 구하기 위해 온갖 곳을 돌아다니다가 여러 차례 생명의 위험을 느꼈다. 송나라 사람들이 나무를 쓰러뜨려 공자를 죽이려고 했고, 진나라에서 억류될 때 식량이 떨어져서 굶어죽을 뻔했다. 두 장면 속의 공자는 태연하지만 수척하다.

묵자는 '하비下比'를 넘어서는 '상동尙同'의 리더십을 제안했다. 사람들이 각자 자기주장을 가지고 파당을 짓는 것이 아니라 윗사람의 주장에 동조하고 전체적으로 하나의 통일된 주장을 믿어야 한다고 보았다. 어찌 보면 상동의 리더십은 일사분란의 그것과 닮아 보인다. 우리가 상동의 리더십을 살펴보면 일사분란의 특성과 한계를 알 수 있을 것이다. 이것은 일사분란의 리더십을 넘어서는 새로운 리더십을 찾는 데에 타산지석이 될 수 있을 것이다.

「공자세가」를 보면 공자는 다수의 제자들과 함께 오경五經 텍스트를 익히기도 하고 역할에 따른 예식을 실습하기도 했다.[133] 노자는 제자 그룹과 무엇을 했는지 전혀 알려져 있지 않지만 장자는 제자들과 산속을 걸으며 상황에 따라 철학적 대화를 했다.[134] 묵자는 오경을 읽기도 했지만 다양한 분야의 생산 기술을 가진 장인을 모아서 기물을 제작하거나 용병으로 공경을 당하는 나라의 구원병을 자처하기도 했다.[135] 이러한 특수성으로 인해 묵자 집단은 다른 학파에게 없는 '거자鉅子'가 있었다. 거자는 영어의 Boss에 해당되는 존재로 묵자 집단의 의사 결정을 내리는 특권을 가지고 있었다.

---

133) 사마천, 『사기. 세가』하(까치, 1994), 433, 441쪽.

134) 『장자』 「산목山木」 莊子行於山中, 見大木, 枝葉盛茂, 伐木者止其旁而不取也. 問其故, 曰: 無所可用. 莊子曰: 此木以不材得終其天年!

135) 묵자 집단의 리더 거자는 『여씨춘추』 「상덕上德」에 맹승孟勝과 전양자田襄子가 나오고, 「거사去私」에 복돈腹䵍이 나온다. 「상덕」에서 맹승이 특수한 상황에서 거자의 직책을 전양자에게 양도하는 이야기가 나온다.

아마 묵자와 그의 제자 금활리禽滑釐가 초기 묵자 집단을 이끌었던 거자로 보인다.

묵자가 초나라로부터 공격 위험을 느낀 송나라를 대신하여 초나라 왕을 설득했던 적이 있다. 당시 묵자는 초나라 군사의 공격용 무기를 제작하는 공수반과 오늘날 컴퓨터 시뮬레이션과 비슷한 모의 전쟁을 펼쳤다. 묵자가 모의 전쟁에서 번번이 이기자 공수반은 묵자를 살해하고자 송나라 공격을 실행하려고 했다. 당시 긴박한 상황에서 묵자는 「공수公輸」에서 공수반과 초나라 왕에게 "나의 제자 금활리 등 300여 명이 이미 자신이 개발한 수성의 도구를 가지고 송나라 성에 주둔하며 초나라의 공격을 기다리고 있다"라고 말했다.[136]

여기서 보면 묵자는 초나라로 오기 전에 300여 명의 제자들과 함께 수성의 기구를 준비하여 송나라를 위해 초나라의 공격을 막기로 결정했다. 사실 당시 소국인 송나라를 위해 대국인 초나라에 맞선다는 것은 위험하기 그지없는 선택이다. 하지만 '송나라 구하기'라는 결정이 내려지면 묵자는 온갖 위험에도 불구하고 혈혈단신 적지에 뛰어들어 침략의 기도를 막아내고 있고, 묵자 집단은 송나라로 달려가서 구원의 임무를 맡고 있다. 『한비자』와 『장자』를 보면 묵자 사후에 묵자 집단은 상리씨相里氏, 상부씨相夫氏, 등릉씨

---

136) 「공수」 公輸子之意. 不過欲殺臣. 殺臣, 宋莫能守. 可攻也. 然臣之弟子禽滑釐等三百人, 已持臣守圉之器, 在宋城上, 而待楚寇矣. 雖殺臣, 不能絶也.

邓陵氏의 그룹으로 분파가 생겨났다.[137] 이것은 묵자 집단이 지역적 거점을 가지고 독자적인 세력을 형성할 정도로 거대한 집단이었음을 보여준다. 이 때문에 한비는 묵자의 학문을 당시에 가장 유행하는 학문의 추세라는 뜻에서 '현학顯學'으로 불렀다.[138]

장자가 말하는 묵자의 분파와 일치하지 않지만 『여씨춘추呂氏春秋』를 보면 묵자 사후에도 묵자 집단을 이끄는 거자 집단의 계승과 관련된 이야기가 나온다. 거자 맹승孟勝은 초나라의 양성군陽城君 영지를 지켜주는 맹약을 맺었다. 양성군이 초나라의 내분에 연루되어 망명을 떠나자 초나라는 양성군의 땅을 회수하려고 했다. 거자 맹승은 양성군의 망명과 상관없이 맹약대로 영지를 지키고자 했지만 제자 서약徐弱은 유무익에 따라 영지의 수호를 결정하자고 주장했다. 맹승은 형세와 상관없이 약속을 지켜야 사람들이 엄한 스승이나 현명한 친구나 훌륭한 신하를 찾을 때 묵자 집단에 올 것이라며 사수를 결정했다. 이렇게 결정이 내려지자 서약은 제일 먼저 자결하고 이후에 180명이 서약의 뒤를 따랐다. 맹승은 죽기 전에 묵자 집단의 계승을 위해 두 사람을 보내 '거자'의 직책을 송나라의 전양자田襄子에게 넘기려고 했다. 두 사람이 맹승의 지시를 전양자에게 전달하자, 전양자는 두 사람에게 초나라로 돌아가지 말고 자

---

137) 「현학」自墨子之死也, 有相里氏之墨, 有相夫氏之墨, 有鄧陵氏之墨. 「천하天下」相里勤之弟子, 五侯之徒, 南方之墨子苦獲, 己齒, 鄧陵子之屬, 俱誦墨經, 而倍譎不同, 相謂別墨.

138) 「현학」世之顯學, 儒・墨也. 儒之所至, 孔丘也. 墨之所至, 墨翟也.

신을 보좌하라고 요구했다. 하지만 두 사람은 끝내 전양자의 말을 듣지 않고 초나라로 돌아가 맹승의 뒤를 이어 자결했다.[139]

맹승의 행동은 상당히 극단적인 선택으로 보인다. 하지만 베버에 따르면 맹승은 정치인으로 지켜야 할 윤리를 저버리지 않은 인물이다. 베버는 정치인의 자질로 신념 윤리와 책임 윤리를 요구했다. 신념 윤리는 결과에 상관없이 대의 명분 또는 신념을 위해 모든 것을 헌신하는 유형이라면, 책임 윤리는 자신이 취한 행동의 결과로 인해 일어날 결과에 책임을 지는 유형이다. 이 구분법에 따르면 서약과 전양자는 책임 윤리를 말하고 맹승은 신념 윤리를 말한다. 맹승은 상황의 유불리에 따라 양성군의 약속을 어기게 되면 묵자 집단의 존립이 위태롭게 된다고 보았다. 즉 그는 개인적 죽음보다 묵자 집단의 대의를 앞세웠다고 할 수 있다.

『여씨춘추』에 보면 또 한 명의 거자 이야기를 전하고 있다. 이번에는 진秦나라 혜왕惠王과 거자 복돈腹䵍 사이에 있었던 일화이다. 이렇게 보면 묵자 집단은 초나라와 송나라만이 아니라 진나라 등 중원 지역 골고루 활약했다고 할 수 있다. 거자 복돈은 늘그막에 아들을 하나 얻었다. 애지중지 키웠지만 버릇이 좋지 않았던지 살인 사건을 저질러 사형의 처분을 받을 위기에 처하게 되었다. 혜왕은 복돈의 나이가 적지 않다는 점을 고려해서 옥리에게 사형을

---

139) 「상덕上德」 孟勝因使二人傳鉅子於田襄子. 孟勝死, 弟子死之者百八十. 三人以致令於田襄子, 欲反死孟勝於荊, 田襄子止之, 曰: 孟子已傳鉅子於我矣, 當聽. 遂反死之.

처결하지 않도록 조치를 취했다.

복돈은 "사람을 죽이면 사형이고, 사람을 다치게 하면 벌을 받아야 한다(殺人者死, 傷人者刑.)"라는 묵자의 법을 들먹이며 혜왕에게 대의에 따른 공정한 법 집행을 요구했다. 혜왕의 만류에도 불구하고 복돈은 묵자의 법에 따라 아들을 처형했다.[140] 즉 자식은 사람이 개인적으로 아끼는 대상이지만 개인적인 관계를 참고 대의를 실행하니, 복돈은 공적인 가치를 우선했다고 할 수 있다.

오늘날 부모들은 자식의 군 입대를 피하기 위해 해외 원정 출산을 한다거나 비리를 저지르기도 한다. 사적 욕망을 위해 공적 원칙을 저버리는 것이다. 이러한 입장에서 보면 복돈의 조치는 가혹하기 그지없는 조치라고 할 수 있다. 하지만 복돈은 모두가 지켜야 할 공덕公德과 아들을 아끼는 부정父情 중에 전자의 가치가 더 소중하다는 점을 분명히 하고 있다.[141]

지금까지 소개한 묵자 집단의 보스인 거자의 리더십을 살펴보면 몇 가지 특징이 있다. 첫째, 사적 욕망과 공적 원칙을 엄격하게 구분하고 후자의 절대적 우선을 주장했다. 이러한 특성은 복돈이 늦게 얻은 자신의 자식에 대한 애정보다 법에 따른 정의를 앞세우

---

140) 「거사去私」墨者巨子腹䵍, 居秦, 其子殺人. 惠王曰: 先生年長矣, 非有他子也, 寡人已令吏勿誅矣. 腹䵍對曰: 墨者之法, 殺人者死, 傷人者刑, 王雖爲賜, 腹䵍不可不行墨者之法, 遂殺其子.

141) 여불위는 「거사」에서 이 문제를 공公과 사私의 틀에서 조망하고 있다. 공과 사는 전국시대 말에서 진나라의 통일에 이르는 국면에서 가장 뜨겁게 논의가 이루어진 주제였다.

는 데에서 여실히 드러난다. 이것은 공자가 부모와 자식 사이를 법의 심판 대상으로 보지 않는 것과 아주 다르다. 당시 부모가 이웃집 양을 훔쳐서 자식이 부모를 관가에 고발한 일이 있었다. 공자는 부모와 자식은 서로의 범법 사실을 감춘다는 '상은相隱'을 주장했다.[142] 묵자는 고발한 사람의 사고에 찬동하는 셈이다.

둘째, 집단을 이끄는 거자의 명령은 절대적인 권위를 가졌다. 묵자 학교는 단순히 학문을 배우고 익히는 연구 집단에 한정되지 않고 강대국의 침략을 받는 약소국을 돕는 군사적 기능을 수행하기도 했다. 이러한 기능을 수행할 때 거자의 명령은 거의 절대적이다. 맹승이 거자의 권한을 전양자에게 위임했으면, 사자는 전양자의 명령을 받을 수 있다. 하지만 그들은 맹승이 옆에 없다고 하더라도 그의 명령을 어기려고 하지 않았다.

이렇게 보면 묵자 집단은 개개인이 가진 능력의 발휘를 긍정한다는 점에서 개성을 중시한다고 할 수 있다. 하지만 그 능력이 철저하게 개인적으로 발휘되어 개인이 그러한 혜택을 독점하는 것은 아니다. 개인은 자신에게 있는 능력을 최대로 키우지만 그 성과는 개인에 한정되지 않고 공동체와 세계 전체를 위해 이바지하고 있다. 따라서 묵자는 개인의 능력을 인정한다고 하더라도 능력은 늘 전체의 목적에 충실하게 기여해야 한다. 그 전체가 개별 국가에 한

---

142) 『논어』 「자로」18 葉公語孔子曰: 吾黨有直躬者, 其父攘羊, 而子證之. 孔子曰: 吾黨之直者異於是, 父爲子隱, 子爲父隱, 直在其中矣.

정되지 않기 때문에 묵자를 국가주의자라고 할 수는 없다. 그는 국가와 가족의 소속을 중시하지 않았다는 점에서 세계주의자라고 할 수 있지만 세계를 위해 개인이 희생할 수도 있다는 점에서 전체주의자의 특성을 드러낸다고 할 수 있다. 굳이 나눈다면 묵자는 일사분란의 리더십을 강조했다고 할 수 있다.

투쟁과 정의를 중시한 돈키호테적 사상가

사상은 이론적 사유를 통해 밝혀낸 생각의 집이다. 이 집은 그 자체로도 빛나지만 현실에 실현될 때 더 빛을 발하게 된다. 생각의 집을 지은 사람들은 누가 자신의 이야기를 들어주었으면 하는 바람을 가지고 있다. 춘추전국시대에 사상가들은 자신의 이야기를 들어줄 사람을 찾아 순회했다. 이를 두고 '유세遊說'라고 말한다. 오늘날 정치인이 선거에서 자신의 정견을 밝히는 행위를 '유세한다'라고 하는데, 이 말도 춘추전국시대의 유세하며 돌아다니는 사상가들로부터 연유한 셈이다. '유세객'도 여기서 파생된 말이다.

묵자의 사상은 당시 유행하는 학문으로서 '현학顯學'의 지위에 올랐던 만큼 여러 가지 평가를 받았다. 하지만 묵자 학문은 호평에도 불구하고 여러 갈래의 혹평과 비판을 받았다. 먼저 묵자가 유세하던 중에 있던 일화를 살펴보자. 묵자가 노나라에서 제나라로 가는 중에 친구를 찾아갔다. 친구는 세상을 위해 고군분투하는 묵자가 안타까운 마음에 한마디 했다. "지금 세상은 정의를 지키는 사람이 없는데, 그대는 홀로 스스로 고생하며 정의를 지키려고 하니, 자네는 그만두는 편이 좋겠네!"[143]

친구는 묵자를 위로하지 못할지언정 묵자의 활동을 만류했다. 묵자는 친구의 말을 듣고서도 힘이 빠지지 않고 오히려 친구를 설득하려고 했다. "여기 한 명의 성인이 부양해야 할 자식 10명을 두었다. 한 사람이 농사짓고 나머지 아홉 명이 집에 놀고 지낸다면, 한 사람은 이전보다 농사에 훨씬 더 애써야 한다. 먹는 사람은 많지만 일하는 사람은 적기 때문이다. 지금 세상에 정의를 실행하는 사람이 없으니 자네는 마땅히 나에게 정의를 실천하라고 권해야지 어찌 나를 말리려고 하는가?"

묵자는 응보적 정의를 실현하고자 하지만 우월적 힘을 바탕으로 세상의 주인이 되고자 하는 현실의 흐름과 충돌했다. "힘이 곧 정의이다"는 주장이 통용되고 사람들이 그것을 믿고 있는 상황에서 묵자의 응보적 정의는 발붙일 틈이 없었던 것이다. 힘이 모든 것을 결정하는 요인이므로 침략과 약탈은 지금의 힘을 더 키우는

---

143) 「귀의貴義」 今天下莫爲義, 子獨自若而爲義, 子不若已.

길이다. 따라서 힘의 사용을 제약하는 그 어떠한 금도가 있을 수가 없다. 이런 상황에서 응보적 정의를 실현하려는 묵자는 돈키호테와 같은 인물로 비춰질 수밖에 없다. 친구는 그 사실을 알고서 묵자를 만류했지만 묵자는 오히려 친구의 만류가 부당하다고 맞받아쳤다.

묵자가 공수반과 모의 전쟁으로 일합을 겨루었던 일과 별도로 초나라를 찾아간 적이 있었다. 묵자가 혜왕惠王을 만나 유세하려고 했다. 혜왕은 늙었다는 핑계로 묵자를 만나지 않고 목하穆賀를 대신 보내 묵자를 만나게 했다. 목하는 혜왕의 속마음을 헤아리고서 묵자를 만나 이야기했다. "당신의 이론은 참말로 좋습니다. 우리 왕께서는 천하의 대왕이십니다. '당신의 이론은 천인賤人들이 일삼는 주장이라 채택하지 않을까'[144] 걱정됩니다."

묵자는 신분에 의해 자동적으로 결정되는 것이 아니라 일한 만큼 대우를 받는 능력 중심의 사회를 세우고자 했다. 귀족들의 특권은 더 이상 존중되지 않고 실력 있는 평민들은 자신들이 사회의 핵심 계층으로 자리할 수 있는 공간을 가지게 되었다. 이런 변화를 달가워하지 않는 집단은 묵자의 이론을 '천인'들이 반기고 따르는 학설이라고 얕잡아보게 된 것이다. 목하는 당시 계급을 부정하는 묵자의 파격적인 실험을 비판하는 입장을 나타내고 있는 것

---

144) 「귀의」 賤人之所爲, 而不用乎?

이다. 훗날 목하의 발언에 주목하여 묵자를 일하는 사람들의 철학을 옹호했다고 평가하기도 했다. 하지만 묵자는 능력의 평가를 중시하여 능력이 뒤떨어지는 사람의 문제를 적극적으로 고려하지 않았다. 이런 점에서 겸애는 평등equality보다는 실적주의meritocracy의 특성을 갖는다고 할 수 있다.

전국시대 중후기가 되면서 사상가들 사이에 기존의 사상을 총평하는 분위기가 생겨났다. 맹자는 묵자 사상에 대한 비판의 화살을 처음으로 퍼부었다. 묵자는 사람이 나와 남 또는 나의 소속과 남의 소속을 구별하지 않고 아울러서 사랑하자는 겸애兼愛를 주장했다. 이에 따르면 부모와 자식 사이의 자연스러운 애정은 일차적이지 않고 겸애보다 부차적인 자리로 내려서게 된다. 묵자는 가족이라면 무조건적으로 우대를 받아야 한다는 틀을 넘어선 것이다. 가족과 비가족이 겸애의 대상이기도 하고 능력에 따른 평가의 대상이기도 하다. 묵자는 응보적 정의를 국가 질서만이 아니라 가족 질서에도 적용했던 것이다. 맹자는 묵자 사상의 이러한 귀결을 두고 "아버지를 부정한다"는 "무부無父"로 비판했다. 일상어로 바꾸면 묵자가 "제 어미 아비도 모르는 놈"이라고 비판을 퍼붓는 것이다.

장자는 묵자에 대해 「천하天下」에서 맹자보다 객관적인 태도를 나타냈다. 그는 묵자가 일개인이 아니라 세계 평화를 위해 노력한다는 진정성을 인정했다. 하지만 묵자가 자신의 목표를 달성하기 위해 자기 파멸적인 희생을 조금도 주저하지 않는다고 보았다. 이를 위해 그는 치수 사업을 하느라 "장딴지의 솜털이 다 빠지고 정강이의 털이 다 없어지며 쏟아지는 비에 흠뻑 젖고 세찬 바람으로 빗질했던" 우禹임금처럼 고생해야 했다.[145] 장자의 표현은 위로 정수리가 닳고 아래로 발꿈치가 닳아 남은 것이 없다는 맹자의 "마정방종摩頂放踵" 표현과도 비슷하다. 장자가 보기에 묵자는 진정성이 있었지만 그만큼 사람들의 호응을 받기 어려웠다. 좋고 올바른 정의라고 해도 그것을 실현하기 위해 극단적 희생을 해야 한다면, 사람들이 묵자와 발을 맞추기가 어렵기 때문이다. 묵자와 그의 집단은 희생적인 겸애를 실천할 수 있을지 몰라도 다른 사람들은 그 요구가 너무 높아서 실천할 수 없다는 것이다.

순자는 여러 차례에 걸쳐 묵자를 언급하며 나름대로 강력하게 비판했다. 먼저 순자는 묵자가 하도 "실용을 강조하다가 그것에 어두워서 아름다운 문화의 가치를 무시했다"고 비판했다.[146] 오늘날 말로 하면 묵자는 일을 열심히 잘 하지만 놀 줄 모르는 것이다. 그는 묵자 사상의 장점과 단점을 간명하게 요약했다. 묵자는 실용을 강조하여 장례와 음악 등의 가치를 인정하지 않았다. 이 때문에 묵자가 낭비를 막고 행정 비용을 절약할 수 있었겠지만 만사를 거칠게 처리하고 사람에게 냉랭하게 구는 한계를 보였다는 것이다. 순

---

145) 「천하」 腓無胈脛無毛, 沐甚雨櫛疾風.

146) 「해폐解蔽」 蔽於用, 而不知文.

자가 보기에 사람은 일만 죽어라고 하거나 밥만으로 살 수 없고 때로는 놀기도 하거나 여유를 부려야 하는데, 묵자는 사람을 너무 각박하게 "일하는 존재"로만 몰아붙인다는 것이다. 이렇게 하면 사회가 한 치의 여유도 없이 노동의 계획으로 편성된 일중독의 사회가 되는 것이다.

당시 잘 나가는 묵가墨家 또는 묵교墨教라면 동아시아 지성사의 한 페이지를 장식할 만하다. 하지만 묵가는 동아시아의 유불교 삼교에 끼지도 못하고 일반 사람들에게도 널리 알려져 있지 않다. 묵가는 한 시대를 풍미하다가 홀연히 자취도 없이 사라진 것일까? 이 물음은 철학사를 쓰는 사람들에게 커다란 궁금증으로 남았다. 묵자가 약소국을 군사적으로 돕는 용병의 특성을 지니고 있었던 점에서 그들의 '실종失踪' 원인을 찾을 수 있다. 중원 지역의 분열을 통일한 진한秦漢 제국이 등장하자 약자를 돕는 용병의 필요성이 사라졌다. 제국 안에는 힘의 우열을 바탕으로 서로 침략하고 수비하는 전쟁이 있을 수 없기 때문이다. 전쟁이 있다면 그것은 반란이 아니면 외적의 침입이므로 용병 집단으로서 묵자가 자리할 공간이 없어진 것이다.

일부 철학사가가 말하는 것처럼 묵가는 실제로 역사적으로 사라지지 않았다. 물론 진한 제국 이후에 묵가가 학파의 집단성을 드러내지는 않았지만 새로운 시대의 소임을 받으면서 그 명맥을 유지했다. 예컨대 묵자의 책에는 다른 학파에서는 볼 수 없는 「경經」,

운몽수호지진간雲夢睡虎地秦簡
진률秦律 위리지도爲吏之道

진 제국은 법에 의한 지배를 실행하기 위해 관리를 교육하는 매뉴얼을 제작했다.

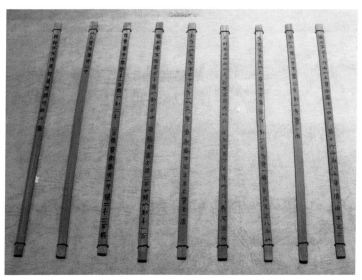

장재와 홍대용

장재와 홍대용은 유학자이지만 가족 질서를 넘어설 수 있는 보편적 사랑의 근거를 찾으려고 했다.

「경설經說」, 「대취大取」, 「소취小取」라는 특별한 내용이 있다. 이들을 묶어서 『묵경墨經』이라고 하는데, 여기에는 논리학, 광학, 물리학 등의 다양한 지식이 담겨져 있다.[147] 이러한 지식의 보고는 진秦나라에서 활약하던 묵가 집단에 의해 발휘되었다. 그들은 진률秦律, 즉 진나라의 부강을 이끌었던 진나라 법률 체계를 체계화해냈던 것이다.[148] 흔히 생각하듯이 중국을 비롯하여 동아시아는 전제

---

147) 『묵경』의 내용에 대해서는 염정삼 주해, 『묵경』 1~2(한길사, 2012) 참조.

148) 진률 등 목간과 죽간에 대해서는 도미야 이타루, 임병덕 옮김, 『목간과 죽간으로 본 중국 고대 문화사』(사계절, 2005) 참조.

왕권이 맘대로 정치를 한 것이 아니라 유가의 가치를 담은 예제와 오랜 시간에 걸쳐 민형사 등의 사건을 처리하는 법률의 전통을 지니고 있었다고 할 수 있다. 또 성城을 둘러싼 공격과 수비의 다양한 전술은 훗날 동아시아 군사 기술의 중요한 보고가 되었다.

그 뒤에도 북송의 장재張載는 유가의 윤리가 가족 질서를 넘어설 수 있는 기반을 '겸애'에서 찾았다. 사람은 자신을 낳아준 부모의 자식이기도 하지만 세상의 모든 존재를 낳는 천지天地의 자식이기도 하다. 따라서 사람은 천지의 입장에서 보면 모두 형제자매이게 되므로 차별의 논리를 벗어날 수 있다. 조선의 홍대용洪大容도 범애汎愛의 논리를 묵자에서 찾았다.[149]

춘추전국시대는 먹고살기에 바쁜 저생산 사회이자 전쟁이 일상적으로 벌어지는 혼란의 시기여서 묵자는 생존과 무관한 예술을 억압하고 근면을 강조해야 했다. 반면 요즘은 대량생산의 시대이니 생존 이외의 다른 것을 억압할 필요가 없어졌다. 묵자의 사상 중에 요즘 시대에 접목할 수 있는 내용을 취사선택하면 된다. 그 결과 과거의 묵자에는 없는 "예술을 즐기는 묵자"도 탄생할 수 있는 것이다.

---

149) 박희병, 『범애와 평등』(돌베개, 2013); 신정근, 「洪大容의 汎愛 의미 연구」, 『동양철학연구』 제82집, 2015, 43~70쪽 참조.

이 책의 글이 나오게 된 내력은 '포개어 읽는 동양 고전 01'『공자와 손자, 역사를 만들고 시대에 답하다』에서 밝힌 내용과 같습니다. 같은 소리를 되풀이할 필요가 없으므로 그 이야기는 생략하도록 하겠습니다. 제2권에는 제1권에 없던 이야기가 있습니다. 이를 간단히 소개하고자 합니다.

『매경 이코노미』의 연재가 노자와 묵자의 사상을 알리는 출발이라면, 책의 출간은 노자와 묵자의 사상을 종합하는 마무리에 해당합니다. 연재가 선발 투수의 역할이라면 출간은 마무리 투수의 역할에 해당됩니다. 연재와 출간은 연속적인 작업이지만 그 자체로 독자적인 의미를 갖는다고 할 수 있습니다. 연재 내내 친절하게 안내해준 노승욱 기자와 연재의 기회를 준 홍기영 국장에게 감사드립니다. 이제는 나만큼이나 〈포개어 읽는 동양 고전〉 시리즈를 아끼고 늦는 작업을 무조건 기다려주는 현상철 팀장에게 진정으로 감사드립니다. 이번에 책을 만드는 작업을 함께한 정한나 선생과 출간의 기회를 준 안대회 부장님에게도 고마운 마음을 표합니다.

〈포개어 읽는 동양 고전〉 시리즈를 시작하고 벌써 세 번째 책이 나왔습니다. 제자백가의 책을 20여 년 넘게 읽으면서 들었던 생각을 조금씩 풀어낸 결과입니다. 이제 뒤로 돌아갈 수 없고 앞으로 나아갈 수밖에 없습니다. 연재의 기회를 찾아서 약속했던 나머지 작업도 마무리하지 않을 수가 없게 되었습니다.

이 책을 쓰면서 나는 때로 혼자 때로 일행과 함께 중국의 산둥성, 허난성 등을 끊임없이 돌아다녔습니다. 제자백가의 책만이 아니라 생생한 현장을 함께 전달하기 위해 반드시 거쳐야 하는 절차였습니다. 외국인이라고는 한 번도 찾은 적이 없는 지역을 부지기수로 찾으며 말이 능숙하지 않아 여러 차례 곤란을 겪었습니다. 가까운 곳을 멀리 돌기도 하고, 정확한 장소를 찾지 못해 빙빙 돌며 끊임없이 어디로 가느냐를 물었습니다.

나는 다양성 때문에 제자백가를 좋아합니다. 서로 다른 사유의 경연을 읽다 보면 한쪽으로 굳어지는 나의 사고를 깨뜨리는 열쇠를 찾게 됩니다. 우리 사회는 아직도 일사분란에서 리더십의 길을 찾고 만인일색萬人一色에서 발전의 동력을 찾고 있습니다. 새로운 길을 찾아야 하는 시점에서 과거의 길만을 돌아보는 식입니다. 스스로 깨지 않으면 결국 남에 의해 깨지는 수밖에 없습니다. 주체적인 삶을 살려고 한다면, 제자백가들이 펼치는 사유의 세계에서 많은 사상 자원을 길어낼 수 있습니다. 이것이 나로 하여금 제자백가를 떠나지 못하게 하는 이유입니다.

나는 〈포개어 읽는 동양 고전〉 시리즈를 쓰면서 국내에 소개된 적이 없는 유적지를 찾아다닙니다. 이때 다른 곳에서 본 장면을 보며 다시금 확인하기도 하지만, 새로운 장면을 볼 때 말로 표현할 수 없는 짜릿한 쾌감을 느낍니다. 낚시꾼의 손맛과 비슷하리라 생각합니다.

아울러 기존에 없던 생각과 시각을 펼치게 될 때 처음에는 다소 두렵지만 숙고 끝에 확신이 들면 깜깜하던 시야가 환히 빛나는 체험을 합니다. 이 책은 기존의 연구에서 볼 수 없었던 이야기를 담고 있습니다. 아마 아는 사실을 확인하고 싶은 사람에게는 실망(?)을 줄지 모르겠지만 새로운 시도와 관점을 찾는 사람에게는 분명 기쁨을 줄 것입니다.

올해는 여러 가지 보직과 프로젝트를 맡아서 긴 시간을 내기가 쉽지 않았습니다. 결국 수마睡魔와 대결하며 지지 않으려고 무던히 애를 쓰지 않을 수가 없었습니다. 지금은 그마저도 추억이 되어버렸지만 긴박했던 밤 시간의 싸움을 떠올리며 여유를 찾습니다.

2015년 12월에
여여如如 신정근 씁니다

『논어』
『노자』
『손자』
『묵자』
『맹자』
『장자』
『한비자』
『여씨춘추』
『사기』
『세종실록』
『공자성적도』
『맹자성적도』

가란, 정연호·채연호 옮김, 『공자 家 이야기』, 선, 2010.
김경수, 『출토문헌을 통해 본 중국 고대 사상』, 심산, 2008.
김용옥, 『노자와 21세기』1~3, 통나무, 1999; 2000 2판 14쇄.
김학주 옮김, 『묵자』상하, 명문당, 2003.
도미야 이타루, 임병덕 옮김, 『목간과 죽간으로 본 중국 고대 문화사』, 사계절, 2005.
류샤오간, 김용섭 옮김, 『노자 철학』, 청계, 2000.
묵자연구중심 편, 『科聖墨子』, 齊魯書社, 2008.
바바 하루요시馬場春吉, 『孔孟聖蹟圖鑑』山東文化研究會, 1940; 민속원(영인), 1982.
박재범 옮김, 『묵자』, 홍익출판사, 1999.
박희병, 『범애와 평등』, 돌베개, 2013.

사오쩌수이邵澤水, 『諸子百家畵傳』, 亞洲出版社, 2010.

쉬캉성, 유희재·신창호 옮김, 『노자 평전』, 미다스북스, 2005.

신정근, 『사람다움의 발견』, 이학사, 2005.

신정근, 『공자와 손자, 역사를 만들고 시대에 답하다』, 사람의무늬, 2014.

신정근, 『맹자와 장자, 희망을 세우고 변신을 꿈꾸다』, 사람의무늬, 2014.

신정근, 「홍대용의 범애 의미 연구」, 『동양철학연구』 제82집, 2015, 43~70쪽.

엘리아데, 이동하 옮김, 『성과 속』, 학민사, 2006.

염정삼 주해, 『묵경』 1~2, 한길사, 2012.

오강남 옮김, 『도덕경』, 현암사, 1995.

왕환바오王煥鑣, 『묵자교석墨子校釋』, 浙江文藝出版社, 1984.

이운구 옮김, 『한비자 2』, 한길사, 2002.

이운구·윤무학, 『묵자철학연구』, 성균관대학교, 1995.

임동석 옮김, 『전국책』 1~4, 동서문화사, 2009.

임채우, 「현학의 사회정치철학적 함의 – 귀무론을 중심으로」, 『철학연구』 제46집, 1999.

임채우, 『왕필의 노자주』, 한길사, 2005.

장바오창姜寶昌, 『感悟滕州』, 齊魯書社, 2011.

장순후이張舜徽, 『주진도론발미周秦道論發微』, 중화서국, 1982.

정세근 엮음, 『위진 현학』, 예문서원, 2001.

정세근, 『제도와 본성 현학이란 무엇인가』, 철학과현실사, 2001.

천즈안陳之安, 「關于墨子的兩個問題」, 『文史哲』 1991 제5기.

최재목 옮김, 『노자』, 을유문화사, 2006.

최진석 옮김, 『노자의 목소리로 듣는 도덕경』, 소나무, 2001.

화런더華人德 主編, 『中國歷代人物圖像集』上中下, 上海古籍出版社, 2004.

시대와 거울―포개어 읽는 동양 고전 03

노자와 묵자, 자유를 찾고 평화를 넓히다
무유의 세계를 대표하는 두 거장의 이야기

1판 1쇄 인쇄 2015년 12월 15일
1판 1쇄 발행 2015년 12월 25일

지은이 | 신정근
펴낸이 | 정규상
펴낸곳 | 사람의무늬 · 성균관대학교 출판부
주소 | 03063 서울특별시 종로구 성균관로 25-2
등록 | 1975년 5월 21일 제1975-9호
전화 | 02)760-1252~4 팩스 | 02)762-7452
홈페이지 | http://press.skku.edu

ISBN 979-11-5550-147-4 03150
       979-11-5550-032-3 (세트)
값 15,000원